過去 現在 未来がわかる

Understand the past, present, and future

ビジネス教養として知っておくべき

AI

東京大学大学院工学系研究科教授 鳥海不二夫 監修
石井英男 著

ソシム

はじめに

現代のビジネスシーンは、DXなどと呼ばれる技術革新の波によって大きく変貌しています。なかでも、人工知能（AI）の進化は、業務の効率化から新たなビジネスモデルの創出まで、ビジネスの現場にさまざまなメリットをもたらしています。AIという言葉を見聞きしない日はないといっても過言ではありません。しかし、AIの急激な発展の恩恵を十分に享受し、ビジネスシーンで役立てるためには、AIに対する正しい理解が必要になります。「ビジネス教養として知っておくべきAI」は、AIがもたらす変革を理解し、ビジネスにおける活用方法を学ぶための入門書です。本書では、3人の登場人物による会話形式で、AIにまつわるさまざまなテーマをわかりやすく解説することを心がけました。中学生が読んでもわかる本を目指しましたので、手に取っていただければ幸いです。

本書は6つの章から構成されています。第1章では、AIが現在、どのようにさまざまな業界で活躍しているのかということを紹介しています。医療から金融、製造業、エンターテインメントまで、AIがもたらすイノベーションの実例を通じて、その影響の大きさを実感していただきます。第2章では、AIとは何か、その基本的な概念やAIの歴史について解説しています。第3章では、AIが現在できること、つまりAIの能力に焦点を当てています。画像認識や画像生成、データ分析など、具体的な応用例を挙げながら、AIがビジネスや日常生活にどのように役立っているかということを解説しています。第4章では、AIがどのようにして学習し、推論するのか、その仕組みや背後にある技術について解説しています。ニューラルネットワークやディープラーニング、LLM、拡散モデル、トランスフォーマーなど、AI技術の核となる概念をわかりやすく解説します。AI関連の話題に出てくる主な専門用語について触れていますので、第4章の内容を一通り頭に入れておけば、AI関連の最新ニュースも深く理解できるようになるでしょう。第5章では、実際にChatGPTなどの最新AIの活用方法を案内しています。自分のビジネスや日常生活でAIを活用するためのヒントとなるでしょう。最終章となる第6章では、未来のAIとの付き合い方について考えています。AI技術の倫理的な側面や社会への影響、AIとの共存のポイントなど、私たち一人ひとりが考えるべき課題について、私なりに考えてみました。

この書籍を通じて、読者の皆様がAIの基礎知識を身につけ、ビジネスにおけるその活用方法を理解し、AIの可能性と課題について理解を深めることができれば、筆者にとってこれほど嬉しいことはありません。AIは単なる一過性のトレンドではなく、私たちの働き方や暮らし方を根本から変える力をもっているのです。AIは私たちの未来を形作る重要な技術であり、その基礎を学ぶことは、未来に向けた自分たちの位置を知ることにほかなりません。技術の進化に伴う変化を恐れるのではなく、AIの知識を武器として、新しい時代を前向きに生きるための準備をしましょう。

石井英男

AI ってどんなことができるの？

画像認識や文章生成など さまざまな仕事をするAI

AI は大量のデータで学習することで、分類や予測などを効率的に行うことができます。AI の技術は日々進歩しており、生活や産業のあらゆる分野に取り入れられています。ここでは AI の特徴を生かした各業界での主な活用方法を見てみましょう。

医療業界

活躍AI **画像診断AI** →P.18
CTやMRIなどの画像から病変を読み取る

活躍技術 **画像認識** →P.78
画像に写っているものの特徴を把握し、識別する

医薬品業界

活躍AI **創薬支援AI** →P.20
新薬候補の物質を見つけ、薬効などから最適な候補を絞り込む

活躍技術 **データ分析** →P.94
大量のデータを処理して高度な分析・推論を実現する

金融業界

活躍AI **不正検知AI** →P.22
クレジットカードなどの利用が適正かどうかを判定する

活躍技術 **分類** →P.114
あらかじめ大量の取引データで学習し、異常データを抽出する

製造業

活躍AI **予知保全AI**
製造現場の機械の故障を予知し、故障前にメンテナンスを行う

活躍技術 **データ分析** →P.94
機械の稼働データで学習し、さまざまな要因から故障を予測する

物流業界

活躍AI **ルート最適化AI**
車両・順序・経路の最適な配送ルートを計算する

活躍技術 **スコアリング**
蓄積データから条件や制約をもとに効率的なルートをスコア化する

小売業界

活躍AI **顧客分析AI** →P.26
AIカメラにより顧客行動を分析し、売場の商品配置などに反映する

活躍技術 **感情認識** →P.80
顧客の性別、年齢、感情などを推定し、店舗内での行動を予測する

農業

活躍AI **生育管理AI** →P.28
AIカメラでの農産物の生育状況を判断し、肥料散布量を最適化する

活躍技術 **回帰** →P.114
カメラで撮影した画像で生育を予測し、肥料を調整する

エネルギー業界

活躍AI **需給最適化AI**
エネルギーの需要量と供給量を調整し、需給バランスを保つ

活躍技術 **回帰** →P.114
過去のエネルギーデータで学習し、将来の需要と供給を予測する

出版業界

活躍AI **傾向分析AI** →P.30
読者の嗜好や市場の動向を分析し、編集・販売戦略に生かす

活躍技術 **データ分析** →P.94
販売データやメディアデータで学習し、読者の傾向を抽出する

教育業界

活躍AI **個別最適化AI**
生徒の学習の進度などに応じて必要なカリキュラムを調整する

活躍技術 **データ分析** →P.94
試験の正答率、学習の時間や回数などから最適な学習方法を推薦する

プロローグ ②

さまざまな分野にわたるAIの研究・開発

AIの研究・開発は、生物を超える知能を実現し、人間とAIが社会で共存することが目標です。そのため、さまざまな学問と密接に関わり合いながら、多様な視点とアプローチにより研究・開発が進められています

AIに関連する分野  関連する周辺学問

推論・知識・言語

オブジェクト指向 / ソフトウェア工学 / 数学基礎論 / 数理論理学 / 意味論

データ市場
ベイズ推定
セマンティックWeb
論理プログラミング
エキスパートシステム (P.56)
プロダクションシステム
演繹推論
常識推論
因果推論
ルールベースシステム
帰納推論
仮説推論
要約 (P.160)
意味理解
法律AI
知識表現
知識グラフ

知識と利用の共有

学習・認識・予測

転移学習
データサイエンス
概念学習
計算論的学習理論
情報論的学習理論
表現学習

機械学習

ニューラルネットワーク (P.110)
数理統計学
クラスタリング (P.62)
深層学習 (P.60)
敵対的学習
AI信頼性
統計的学習
セグメンテーション
半教師あり学習
異常検知
AI公平性
パターン認識
一般物体認識
予測
脳科学
計算論的神経科学・脳科学
画像認識 (P.78)
音声認識 (P.88)
AI説明可能性

画像・音声・メディア処理

スパースモデリング
強化学習 (P.118)
行動推定
動画像処理
マルチモーダル処理

ロボットと実世界

身体・ロボット・運動

ジェスチャー認識
ヒューマンロボットインタラクション
スキルサイエンス
認知ロボティクス
身体性 (P.32)
知能ロボティクス

スポーツ脳科学
サイバーフィジカルシステム
知能ロボット
自動運転 (P.38)
運動学
身体生理学
アフォーダンス

発見・探索・創造

探索・論理・推論アルゴリズム
数理計画法
グラフ理論
ゲーム理論
ヒューリスティクス
情報検索
ビッグデータ解析
テキストマイニング
プランニング
スケジューリング
バイオインフォマティクス
データベース
画像生成（P.82）
敵対的生成ネットワーク（GAN）（P.124）
データマイニング
音声生成（P.73）
Webマイニング

汎用AI

オペレーションズリサーチ

AIフロンティア

生物の知能に匹敵、またはそれを超える知能の実現と、社会での共生を目指すAIフロンティア

人工生命
数理最適化
包摂アーキテクチャ
進化計算
シミュレーション
エージェント
遺伝的アルゴリズム
マルチエージェントシステム

進化・生命・成長

AI倫理・プライバシー
認知アーキテクチャ
生物学
ゲームAI
発達科学
発達心理学 
ウェルビーイングコンピューティング
意思決定・合意形成

人・対話・情動

対話処理・対話システム
知識獲得・発見
知識の利用と共有
マルチモーダルインタラクション
知識共有・管理
知的ユーザーインタフェース
会話・談話・意図理解
知的教育システム
集合知
Webインタラクション
オークション
情報推薦
計算社会科学
クラウドソーシング・ヒューマンコンピューテーション
ソーシャルメディア
情報可視化
機械翻訳（P.50）
VR
行動変容
マーケットデザイン
感性
ヒューマンインタフェース
行動経済学
認知神経学
認知科学

CONTENTS

第4章　AI活用のために覚えておきたい知識　107

本書の登場人物の紹介

先生

大学院の研究者。最新のAIの研究と論文発表を行っている。フィールドワークも熱心に行っており、知り合った方とのコミュニティづくりを大切にしている。

あいちゃん

先生の飼っている犬（メス）。実は先生よりAIに詳しいと思っている。

古川 大貴さん

Web関連会社でマーケティングを担当。入社４年目。大学でAIの勉強を少ししたことがある。向上心の強い性格で、仕事に生かしたいと考えている。

高橋美咲さん

Web関連会社でマーケティングを担当。AIに詳しくないが、勉強したいと思っている。まじめでやさしい性格、AIで生活がどう便利になるのか興味がある。

第1章

さまざまな業界で活躍するAI

ビジネスにも生活にも
AIはあらゆる分野で活用されています。
主な業界での使われ方を見てみましょう。

この章でわかること

業界や分野での AIの活用例を知ろう

業界や分野でAIはさまざまに活用されています。まずは多様な活用例があることを知りましょう

社会でAIが果たす役割を知る P.16

▼

各業界のAI活用例を知ろう

▼

P.18
医療での活用例

P.20
医薬品での活用例

P.22
金融での活用例

P.26
小売での活用例

P.28
農業での活用例

P.30
出版・映画での活用例

AIとロボットについて知る

P.32

AIとロボットの関係

P.38

自動運転車の未来

P.36

工場のロボットの今後

P.40

ドローンの進化

AIとロボットは切っても切れない縁にあるよ

CHAPTER >>> 1

AIが果たす
役割

人間の素晴らしいパートナーとしてのAI

ここ数年、AIの技術と認知度は急速に進展しました。AIは今後、どんな存在になっていくのでしょうか。

最近はニュースでも新聞でも、「AI」の話題を見ない日はないですね！

ChatGPTをよく使いますが、AIがより身近に感じられるようになった気がします。

そうですね。ここ数年のAIブームは3回目の波になりますが、もはや一過性のブームではありません。AIがさまざまな分野で使われるようになり、社会に広く普及し始めています。

社会に普及すると、AIはどんな存在になるんでしょうか？

一言でいえば、AIは人間の素晴らしいパートナーになるのではないでしょうか。最新のスマートフォンにはAIによる**文字起こし機能**や**翻訳機能**などが搭載されていますし、これからの社会ではAIが人間をサポートする機会が増えていくでしょう。したがって今後は、AIを使いこなす能力、AIと共存する能力が重要になるといえます。

▶ **ChatGPT**
質問したい内容を入力し、それに回答してもらうという対話形式で情報収集や文章作成、要約などが行えるAIチャットサービス。米国のAI開発の非営利研究機関であるOpenAIが2022年11月に公開した。

▶ **文字起こし機能**
文字起こしとは、録音された音声データを文字（テキスト）データに変換する機能。スマートフォンやパソコンなどではAIの音声認識の技術により、アプリなどで自動的に行える。

▶ **翻訳機能**
AIが搭載されたスマートフォンに音声で話しかけるだけで、端末内でデータを処理して翻訳する。

多分野の技術で人間をサポートするAI

AIのもつさまざまな分野の情報やデータ、技術などを活用すれば、より快適な生活や効率的な仕事が実現します。そのような能力を秘めたAIは今後、人間の素晴らしいパートナーになっていくことでしょう。

主なAI技術と業界別の活用例

<table>
<tr><th></th><th>画像解析</th><th>異常検知</th><th>需要予測</th><th>自然言語/音声解析</th><th>その他</th></tr>
<tr><th>製造</th><td>商品の不良品判定</td><td>機械の故障検知
スタッフの安全管理</td><td>出荷量予測</td><td rowspan="4">チャットボット
部門振り分け</td><td>成功配合率の計算</td></tr>
<tr><th>流通</th><td>商品の破損検知</td><td></td><td>受注量予測
ダイナミックプライシング</td><td>配送経路の自動化</td></tr>
<tr><th>不動産</th><td>外壁の劣化診断
物件の写真分類</td><td>設備の異常検知</td><td>価格予測</td><td>賃貸仲介マッチング</td></tr>
<tr><th>金融</th><td colspan="2">カードの不正検知
帳票の読み取り（画像解析）／クレカの不正検知（異常検知）</td><td>為替予測</td><td>ローン審査</td></tr>
<tr><th>農業</th><td>病気・害虫検査
食物の品質検査</td><td>食物の生育不良検知
病害感染リスク</td><td>収穫量予測</td><td></td><td></td></tr>
<tr><th>公共・インフラ</th><td>土木施設の劣化診断
犯罪者の割り出し</td><td>設備の老朽化検知</td><td>道路の交通量予測
鉄道の混雑予測</td><td>議事録作成
保育園入園の判断</td><td>犯罪予測
人口予測</td></tr>
</table>

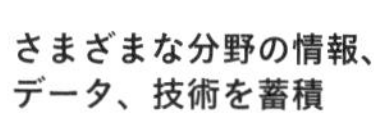

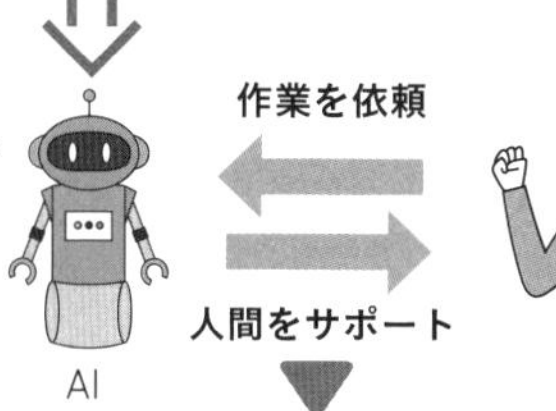

付加価値の高い仕事に集中できる

人間だけでは行えなかった仕事が実現できる

大量な仕事を正確かつ迅速に行える

危険な環境下での作業から解放される

CHAPTER >>> 1

医療では画像診断などAIが医師を補助

医療分野では、AIによる画像診断や、患者のデータを解析して医療を最適化することに活用されます。

AIは身の回りのさまざまな分野で使われるようになっていますが、そのひとつに医療現場があります。

AIは医療にも貢献しているんですか？

はい。CTやMRIなどの画像から病変を読み取る画像診断は、AIの得意分野です。AIによる**画像診断**は、医師の診断の補助として、すでに実用化されています。AIなら高い精度で画像診断ができ、遠隔でも実施できますので、地方の医療水準の向上に貢献しています。

画像診断以外では、AIはどんなことに使われているんですか？

AIが問診を行って病名をサジェスチョンする問診AI支援や、症状を入力するとAIが診断を行うAIカルテなども使われています。さらに、遺伝子情報を用いて個別化された**オーダーメイド医療**や、患者一人ひとりに最適化された処方を行う**AI処方**なども研究が進んでいます。

▶ **画像診断**
体内の状態や症状などを検査機器などで画像化し、異常がないかどうかを診断すること。

▶ **オーダーメイド医療**
個人に合った医療を施すことを意味する和製英語。主に遺伝子情報を解析し、個々人に合った治療方法を計画して実施する。個別化医療などともいう。

▶ **AI処方**
患者の体重や体調はもちろん、血圧や血糖値、これまでの服用データなど、詳細な解析を行い、より適切な医薬品の処方を実現する手法。

病変を正確に見つけるAI画像診断

画像診断にAIを活用すれば、医師では発見しにくい病変などでも、異常を的確に見つけて抽出できます。業務量が多くなりやすい医師を助け、診断業務を効率化し、最適な医療の実現に貢献します。

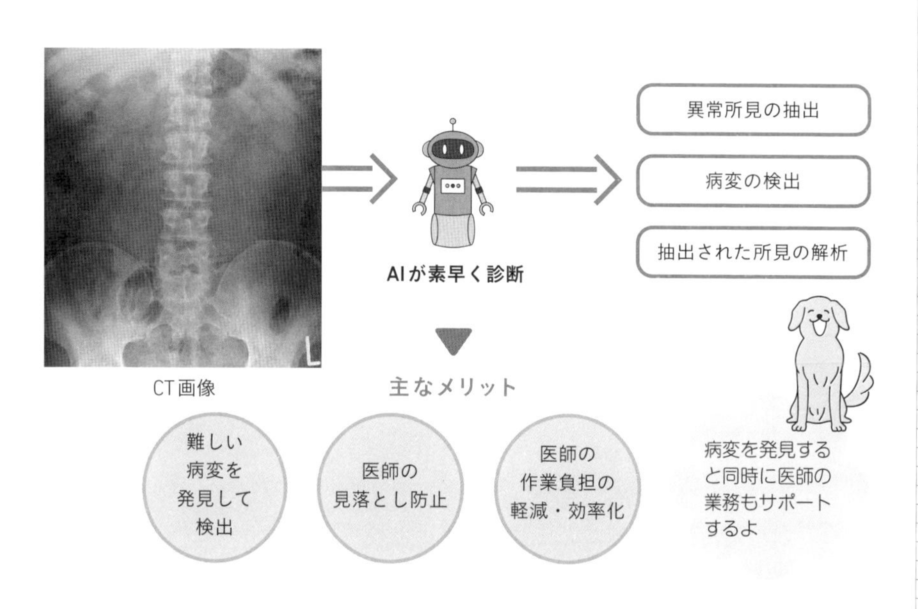

CT画像

そのほかの医療分野の研究テーマ

オーダーメイド医療

- 患者の遺伝子情報
- 患者の生活状況のデータ
- 患者個別の病状や事情

など

個人に最適化された医療を施すことができる

AI処方

- 患者の体重や体調、血圧など
- これまでの医薬品の服用データ
- 患者の生活スタイル

など

AIによる解析

個人に合った医薬品を処方し副作用などを抑える

CHAPTER >>> 1

医薬品開発で活躍するAI

新薬開発の時間とコストを大きく削減

新薬開発には大幅な時間とコストがかかりますが、AIによってそれらを削減できます。

医療に近い分野として、**新薬**開発でもAIが貢献しています。

「新薬」って新しい薬をつくることですか？　AIは薬もつくれるんですね！

はい。新しい薬をつくるには、まず薬の候補となる物質を見つけ、分子構造がよく似た多数の物質を設計、そのなかで薬効や毒性などを比較し、最適なものを絞り込まなければなりません（**最適化**）。その後、**治験**を経て効果が認められ、審査に通れば新薬として認可されるんです。

人体によい効き目が見つかれば、すぐ薬がつくられるものと思っていました……。

薬の候補物質が実用化される確率は約2万分の1以下といわれており、ひとつの薬が認可されるのに9～17年以上かかります。その点、AIに最適化を行わせると、新薬完成までの時間とコストを削減できます。実際にAIが開発した新薬がいくつも治験段階に入っています。

▶ **新薬**
最初に開発・承認・発売された医薬品のこと。「先発医薬品」とも呼ばれる。新薬を開発したメーカーには特許権が与えられ、特許期間20～25年、独占的に製造・販売できる。

▶ **最適化**
化合物の薬効と安全性を評価し、最適な化合物を選び出すこと。新薬の候補物質の化合物は「リード化合物」と呼ばれる。

▶ **治験**
薬の候補を健康な成人や患者に投与し、効果（有効性）や副作用（安全性）の確認を行う臨床試験。新薬の実現には、厚生労働省から薬の製造・販売について審査・承認を得る必要がある。

新薬開発を支援するAI

新薬開発には、薬の候補物質を探す段階から、一般的に9～17年の期間が必要とされます。AIを導入することで、期間を短縮するとともに、コストの削減も図ります。

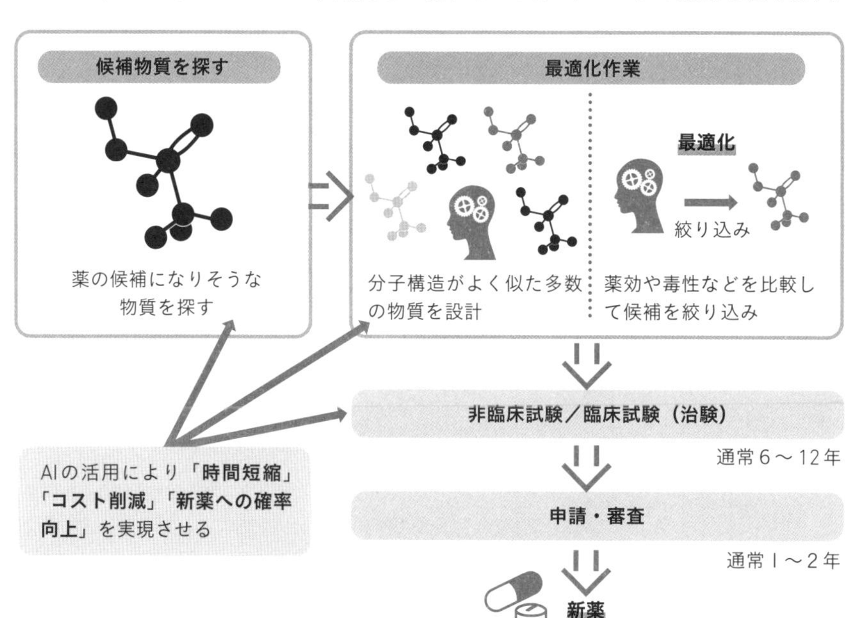

成功確率の向上のためにAI導入が必要

新薬開発では、数十万件の候補から約1万分の1の数十件の候補化合物に絞り込みます。膨大なコストがかかるため、これをAIで効率化することが期待されています。

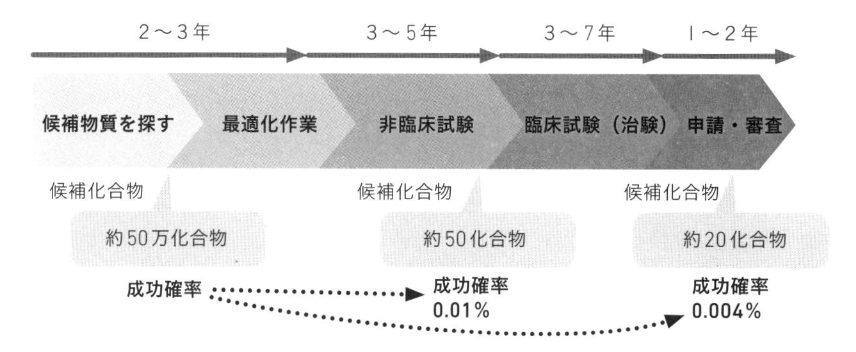

CHAPTER >>> 1

金融業界で
活躍する AI

膨大な取引データから AIが取引などを管理

金融業界や保険業界では従来からデータを扱っていたことで、AIとの親和性が高いといえます。

データを扱うという点では、金融業界などもAIが活躍しそうですね。

いい着眼点ですね！　AIは蓄積されたデータから判断することが得意ですが、金融業界や保険業界では従来からデータを分析して意思決定を行っていたので、**AIとの親和性が高い**のです。

投資の予測などですか？

そうですね。そのほか、**ローンの審査**やクレジットカード利用が適正かどうかといった判断は、熟練の担当者がデータを見て行っていました。そうした**意思決定をAIが行っている金融機関が増えています**。

なるほど、AIが熟練の担当者の代わりになっているんですね。

はい。保険業界でも、AIとの**チャット**により、**ユーザーに最適な保険商品を提案**したり、**保険料の不正請求を検知**するシステムに使われていたりします。

▶ **ローンの審査**
AIがユーザーの銀行口座の入出金記録などのデータを分析し、返済の見込みや貸付限度額などを割り出して実施する審査。

▶ **チャット**
インターネット上で複数のユーザーがリアルタイムにメッセージを送受信するためのサービス。「chat（おしゃべり）」の意味。

AIを活用した不正取引検知システム

AIによる不正取引検知システムでは、ユーザーがサービス提供システムにアクセスすると、セキュリティシステムのAIがユーザーのログイン情報や取引データなどから取引の正・不正を判定します。判定結果は、サービス提供システムにフィードバックされ、担当者がユーザーの取引停止などを判断します。

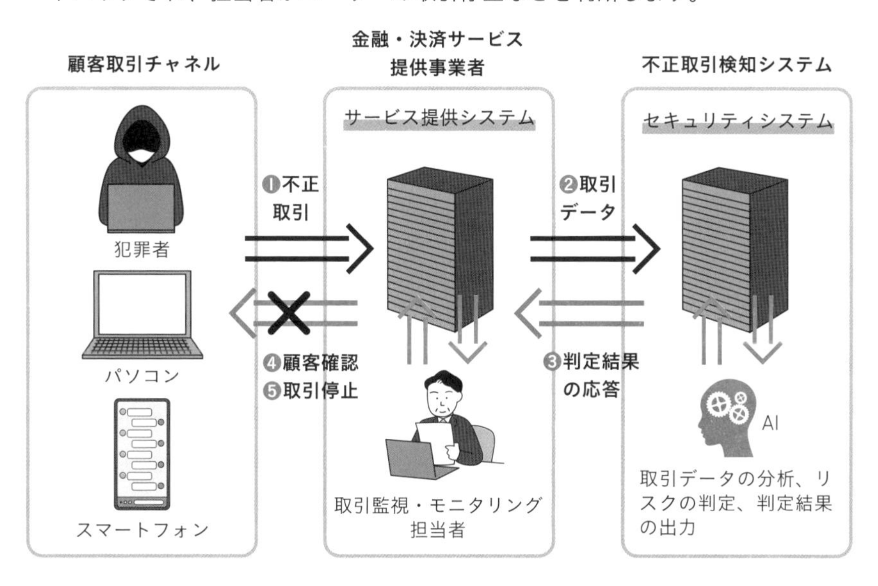

チャットシステムを使った商品提案のイメージ

保険商品の提案の例としては、AIは自然言語処理（P.86参照）でリアルタイムにユーザーへ回答しながら、顧客情報を抽出して分析を進めます。分析結果により保険商品とのマッチングを図り、ユーザーに提案します。

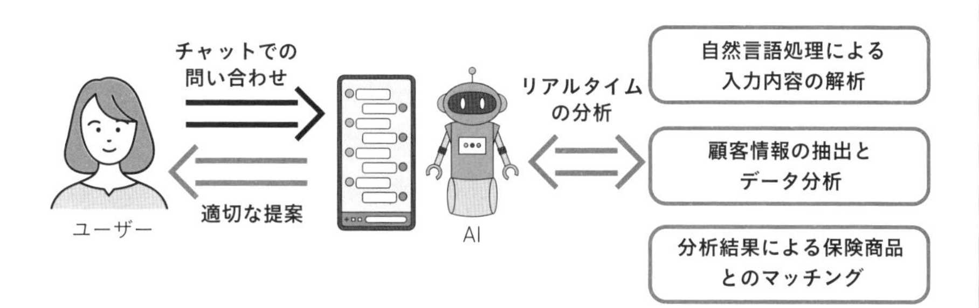

資産やリスクの管理を行うAI

顧客情報をもとに資産を適切に運用

AIは顧客の資産の運用管理、企業のリスクや顧客情報の管理などにも使われています。

AIは、過去の膨大なデータから学習を行い、未来を予測することが得意です。そうしたAIの特性を生かし、顧客の資産の管理や運用にも活用されています。

資産運用においては、保持する資産を「どの割合で」「どの株式や債券、定期預金などの金融商品に」投資するかが重要です。この保有する資産の配分の割合や組合せのことを「ポートフォリオ」といいますが、投資したい金額と銘柄を指定することで、AIが最適なポートフォリオを提案してくれたり、現状のポートフォリオの状況を診断して改善提案をしてくれたりするサービスも実用化されています。

また金融機関においては、不正取引や詐欺、マネーロンダリングなどの悪徳行為の検出や、個人または企業のクレジットリスクの評価にAIが使われています。マネーロンダリングとは、不正取引などで得た資金を、あたかも不正でないように見せかける工作のことです。また、クレジットリスクとは、日本語で「信用リスク」といい、債券などの発行団体が財務状況の悪化などの影響で、その債券の利払いの遅延や元本が返済されない状態に陥るリスクの大きさをいいます。

また顧客情報の管理においては、「CRM（Customer Relationship Management）ツール」を導入する企業が増えています。CRMとは、企業が顧客との良好な関係を維持するため、顧客情報を適切に管理・分析する経営手法のことです。これを具体的に実践するためのツールがCRMツールです。CRMツールには、顧客情報の管理や顧客行動の分析、プロモーションの管理など、顧客との関係を向上させるためのさまざまな機能が含まれています。

最近では、このCRMツールにAI技術を搭載することがトレンドとなっていますが、さまざまなデータを扱うCRMツールは、AIとの相性がとてもよいといえます。AI技術を搭載したCRMでは、データの多角的な分析が可能になり、データに基づいた顧客管理の活動を提案してくれます。たとえば、顧客が行動を起こすために最適なアプローチやタイミングなどを分析できるため、営業活動の効率向上や顧客満足度の向上が期待できます。

AIによる株式ポートフォリオの提案の仕組み

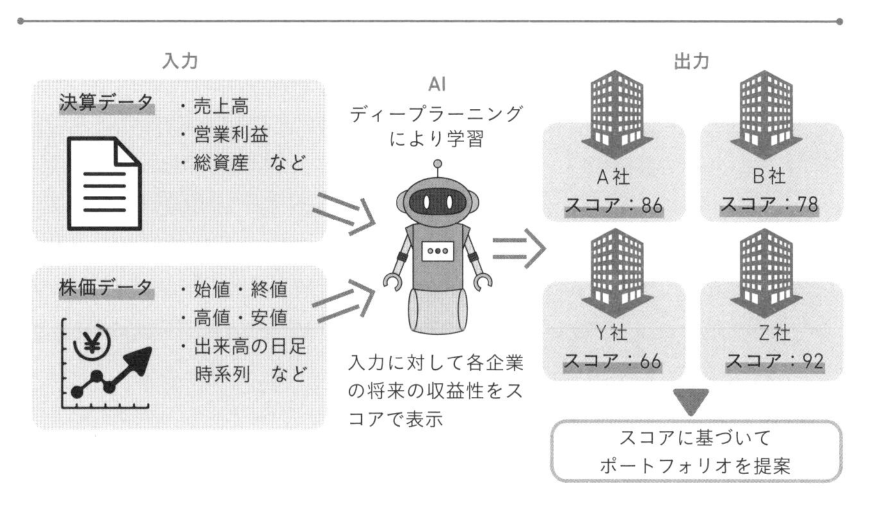

CRMツールの役割

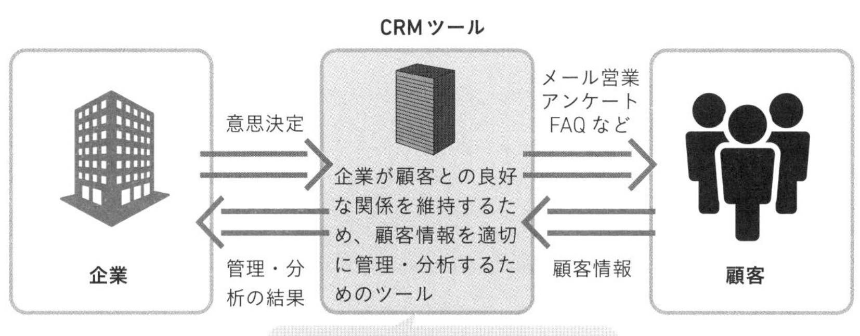

CHAPTER >>> 1

店舗で
活躍するAI

AIで顧客行動を分析し快適な売場環境を構築

店舗でもAIは活躍しています。最近はAIカメラで顧客行動の分析を行う店舗が増えています。

先日訪れた駅に、無人のコンビニエンスストアが開設されていました。日本にも少しずつ増えているようですね。

無人店舗には「セルフレジ型」と「ウォークスルー型」がありますよ。セルフレジ型は、客がレジを操作して決済を行う方式です。一方、ウォークスルー型はレジがなく、AI技術で客や商品などの動きを**トラッキング**し、店舗を出るときに自動で決済が行われる方式です。

ウォークスルー型にはまだ入ったことがないですが、店舗へのAI導入はどんどん増えていきそうですね。

はい。無人ではなくても、**AIカメラ**を導入する店舗が増えています。AIカメラは人物の性別や年齢などを推定可能で、それぞれの客の店内での行動を捉えることができます。顧客の行動を把握することで、商品配置の最適化や、混み合うスペースの解消など、客が快適に買い物をできる環境を構築できます。

▶ **トラッキング**
対象として指定したものの動きを追跡し、記録する機能。

▶ **AIカメラ**
AI技術により画像・映像内の情報を自動で分析・解析する機能を備えたカメラ。小売店だけではなく、工場や医療・介護現場などでの導入が増えている。

ウォークスルー型無人店舗での商品購入の例

ウォークスルー型の無人店舗では、AIカメラが見分けた人物を追尾することで、商品を取る・戻す、退店などの人物の行動を捉えています。これにより、決済などを行わなくても無人店舗で商品を購入できます。

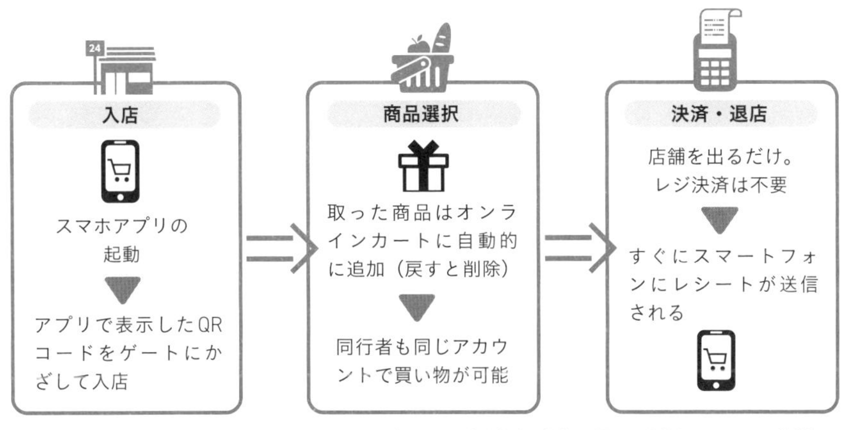

出典：AI Market「無人コンビニ４事例を紹介！ AIによる無人レジ・無人接客の意外な課題とは？仕組み・メリット徹底解説！」を参考に作成

AIカメラでできることと活用例

AIカメラで撮影することで、撮影した画像や映像からさまざまな情報を読み取り、解析できます。物体の認識だけではなく、検品の自動化などにも役立ちます。

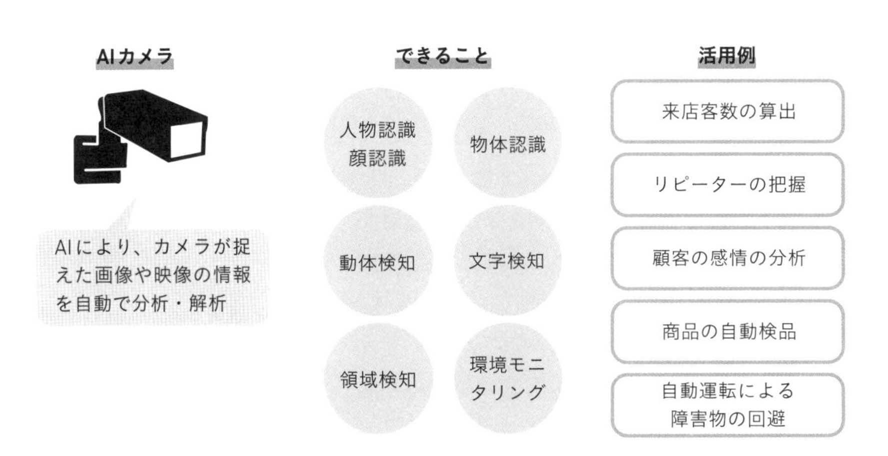

CHAPTER >>> 1

農業や漁業で活躍するAI

AIによるスマート農業・スマート漁業の実現

農業や漁業などの第一次産業の現場でも、さまざまな機器と組み合わせてAIが導入されています。

農業や漁業といった第一次産業は、AIとはあまり関係なさそうですね。

実はそうでもないんですよ。特に農業は昨今、**ICT**化が急速に進展しています。AIの活躍も期待されていますよ。

知りませんでした。農家の人もパソコンなどで仕事をするようになるんですね。

はい。AIなどを活用した次世代農業を「**スマート農業**」、次世代漁業を「**スマート漁業**」と呼びます。人手不足や生産性の低さといった従来の農業や漁業における課題も、スマート化で解決できます。

具体的にどう活用されているんですか？

農業ならドローンを使って農地を撮影し、AIで生育状況を判断して肥料散布を最適化するといった活用例があります。漁業ならAIが海面水温などのデータから、魚の群れがいる可能性の高い漁場を効率よく探せるようになっています。

▶ **ICT**
Information and Communication Technologyの略で、「情報通信技術」と訳す。情報技術（IT）だけではなく、情報処理や通信技術などを含む総称としての用語。

▶ **スマート農業**
ロボット技術や情報通信技術（ICT）を活用し、省力化・精密化や高品質生産を実現するなどを推進している新たな農業のこと。

▶ **スマート漁業**
AI、IoT技術、ICTなどにより、漁場や養殖場などのデータを収集・活用することで効率化や省力化を図る漁業のこと。資源評価や加工流通なども含めて「スマート水産業」と呼ばれることもある。

AIなどを活用したスマート農業の実現

農業分野では、さまざまな機器や情報、データを組み合わせることで、作業の自動化・簡易化が図れます。また、AI搭載のトラクターやドローンなどと、AIによる位置情報や気象データなどの解析で、高度な農業経営も可能です。

AIなどの先端技術を活用した「スマート農業」の効果

作業の自動化

ロボットトラクター、スマートフォンで操作する水田の水管理システムなどにより作業を自動化し、人手を省くことが可能に

情報共有の簡易化

位置情報と連動した経営管理アプリの活用により、作業の記録をデジタル化し、熟練者でなくても生産活動の主体となることが可能に

データの活用

ドローン・衛星によるセンシングデータや気象データのAI解析により、農作物の生育や害虫害を予測し、高度な農業経営が可能に

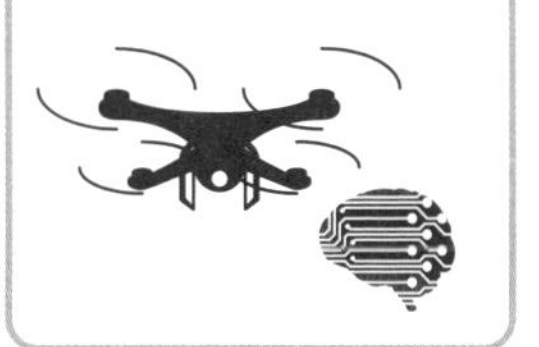

出典：農林水産省「スマート農業の展開について」を参考に作成

漁業の種類で分かれるスマート漁業

漁業分野では、漁業の種類ごとに情報を的確に入手し、分析を行うことが求められます。特に漁場環境データ、赤潮情報、漁海況予測などのAI解析は、環境に大きく影響を受ける漁業にとって必須です。

AIなどの先端技術を活用した「スマート漁業」の実現

沿岸漁業

- 漁場の海流や水温分布などの詳細な漁場環境データをスマートフォンから入手し、漁場選定や出漁の可否に利用
- 蓄積したデータに基づき後継者を指導・育成

養殖業

- 赤潮情報や環境データなどの情報を速やかにスマートフォンで入手し、迅速な赤潮防御対策を実施
- ICTにより養殖魚の成長データや給餌量、餌コストなどのデータ化で、効率的・安定的な操業を実現

沖合・遠洋漁業

- 衛星データやAI技術を利用した漁場形成・漁海況予測システムを活用し、効率的な漁場選択や省エネ航路の選択を実現
- 自動かつお釣り機などにより漁労作業を省人・省力化

出典：水産庁「(5)『スマート水産業』の推進等に向けた技術の開発・活用」を参考に作成

クリエイティブで活躍するAI

芥川賞受賞作品にも生成AIが寄与

AIはクリエイティブな分野でも活躍しています。AIが生成した脚本でつくられた映画もあります。

AIは出版業界や映画業界といった**クリエイティブな分野**にも進出しています。

2024年に『東京都同情塔』で芥川賞を受賞した九段理江さんも、執筆にChatGPTを使っていると語っていましたね。

そうですね。生成AIの技術が発展したことで、AIが小説の執筆を支援することが増えるでしょう。また、編集者の主要な業務である校正の支援、市場トレンドの分析などにも活用されています。

たしかに、生成AIを使えば小説や脚本を書けそうですね。今後はそのまま市場に流通できる品質になっていくんですか？

ひとつの作品を生成AIのみでつくり上げることは、まだ難しいでしょう。これからは作家とAIが一緒に作品をつくる時代になると思います。映画業界でも、AIが脚本の開発や分析、映像編集、特殊効果設定などに使われており、AIが生成した脚本に基づいた映画なども登場しています。

▶ **クリエイティブな分野**
文章生成のほか、画像、動画、音楽などの生成AIにより、絵画や漫画、アニメーション、作曲、ダンスなどの分野にもAIが広がっている。また、AI俳優に演技を行わせる研究もある。

生成AIでクリエイティブな作品をつくる

生成AIを使えば、クリエイティブな分野の作品もつくり出すことができます。生成AIを組み合わせると、さらに活用の幅が広がるでしょう。たとえば、文章生成AIでお笑いのネタをつくり、音声生成AIで漫才をさせるといったこともできます。

生成AIのクリエイティブな分野への応用例

文章生成AI

- 短文小説や詩の作成
- 物語のプロット
- 映画や演劇の台本
- 商品のキャッチコピー
- 海外作品の翻訳
- 論文の作成
- 文章の校正・校閲　など

画像生成AI

- 絵画やイラストの作成
- 風景や背景の作成
- アバターのデザイン
- 商品デザイン
- ファッションデザイン
- ポスターやバナーの制作
- Webデザイン　など

動画生成AI

- 映画の制作
- CMの作成
- PVの作成
- アニメーションの作成
- プレゼン動画の作成
- 演出効果の設定　など

音楽生成AI

- 楽曲の作成
- 楽曲のアレンジ
- ボーカルメロディの作成
- リズムの作成
- 映像やゲームのBGMの作成
- 環境音楽の作成　など

音声生成AI

- キャラクターのボイス
- ナレーションの作成
- 朗読劇の作成
- 音声による商品説明
- プレゼンの音声の作成
- カスタマーサポートの音声　など

芸術作品に似せたタッチでつくることもできるよ

出版業界と映画業界のAI活用の例

クリエイティブな分野に関連する主な業界のAI活用例も見ておきましょう。市場調査から作品作成、マーケティングなど、さまざまな業務に活用できます。

出版業界

- 読者の動向調査
- 分野やテーマの需要予測
- 最適な目次構成の検討
- サマリーの作成
- 校正・校閲の自動化
- 異なるメディアへの展開
- 適切な在庫管理　など

映画業界

- 映画のマーケティング戦略
- 興行収入予測
- 鑑賞者の分析
- 脚本の開発
- 特殊効果やCGの設定
- 予告編の制作
- 作品のリマスタリング　など

音楽業界やテレビ業界などでもAIが活用されているよ

CHAPTER >>> 1

ロボットとAIの求められる共進化

AIはロボットの頭脳になり、ロボットはAIの身体になります。まさに切っても切れない関係なのです。

ロボットというと、AIと関係が深い印象があります。

すべてのロボットがAIで動いているとはいえませんが、高度なロボットにはAIが必須です。「AIロボット」という場合は、カメラやセンサーで取得した情報に基づいて判断する「高度なAIが搭載されている」ということが多いです。身近なところでは、掃除機ロボットがその代表です。

たしかに、掃除機ロボットは自ら周囲の地図を描き、障害物を避けながら掃除をしてくれますよね。

逆に、AIの進化にもロボットが重要な役割を果たすと考えられています。AIにロボットという身体を与えれば、AIに**身体性**がもたらされると期待されているのです。AIに身体性を与えることが汎用AI実現の鍵と考えている研究者もいます。

AIがロボットを進化させるだけでなく、ロボットがAIを進化させるのですね。

AIとロボットが一緒に成長していくよ

▶ **身体性**
AIの分野では、物理的な身体をもち、環境との相互作用を得ることで、知能や知覚の構築にもたらす効果や影響を指す。

自ら学習し行動するロボットの実現

AIとロボットがともに進化を続け、自ら学習し行動するロボットを実現するためには、AIとロボット、人間の相互作用が必要と考えられています。加えて、データ駆動型AIと知識推論型AIの融合、機械・駆動・制御系デバイスの開発など、理論・物理的な課題も存在します。

データ駆動型AIや知識推論型AIの高度化・融合

脳とAIの橋渡し

アーキテクチャの最適化

AI

＋

温度や振動、音や画像などの情報を計測

センシング・認識技術

ロボット

低消費電力化

機械駆動（アクチュエーター）・制御系デバイス

・安心安全評価
・標準化・モジュール化
・メンテナンス

自らの身体（ロボティクス）を介して実世界の情報を自律的に取得・学習するAI

自ら学習・行動するロボット

想定される活用現場
宇宙空間、災害現場、無人建設現場 など

その他の課題
エネルギー源、材料、通信、セキュリティ、ビッグデータ、ヒューマンインタフェース技術などの取り込み

現在のAIロボットの活用例

製造業
- 製造ラインを自動化するロボット（組み立て、検査、パッケージングなど）
- 設備の定期保守ロボット
- 搬送ロボット　など

医療
- 手術用ロボット
- リハビリロボット
- 診療ロボット
- 調剤ロボット　など

接客
- 飲食店の配膳ロボット
- 受付・案内ロボット
- セルフレジ・会計システム
- 翻訳ロボット
- 感情認識ロボット　など

農業
- 農薬散布のAI搭載ドローン
- 自動収穫ロボット
- 農作物の生育状態の監視など

教育
- 試験の採点を行うロボット
- 子どもと対話しながら学習指導をするロボット
- プログラミング教育のロボット　など

家庭
- スマートホームロボット
- 掃除ロボット
- 介護ロボット
- 子育てロボット
- ペットロボット　など

二足歩行ロボットの未来

人間のように歩く二足歩行ロボット

AIによって人間のように二足歩行で自由に歩けるロボットの実現が可能になります。

人間なら特に意識をせずに実行できる二足歩行ですが、ロボットで再現するのはとても難しいことです。これまで多くの企業や研究機関が人間のように二足歩行で歩けるロボットの実現を目指して研究開発を行ってきました。有名なものには、本田技研工業が開発した「ASIMO」や、産業技術総合研究所が開発した「HRP-4C」などがあります。しかし、これらの二足歩行ロボットは、人間に比べると歩行速度が遅く、デコボコした道や、急斜面の坂道などを歩くことは困難でした。

しかし、米ボストン・ダイナミクスが2013年7月に公開した二足歩行ロボット「Atlas」は、雪道や山道、デコボコ道などの不整地の歩行だけではなく、走ったり跳んだり、果てはバク宙（バック宙返り）といったアクロバティックな動きも実現して話題になりました。Atlasは、頭部にレーザー光による距離計測センサーとステレオ画像センサーを搭載し、周囲の状況を確認しながら、内蔵コンピューターで動作するAIによって動きを制御しています。動力源はモーターではなく、強い動力を出せる油圧アクチュエーターを採用しているという特徴もあります。

Atlasは年々進化を続けており、現在のAtlasは両手で荷物を持ち上げて運ぶことや、木の板を持ったままジャンプして回転することなど、さらに高度な動作を行えるようになっています。

人間に近いサイズの二足歩行ロボットであれば、人間用につくられた器具や装置、建物などをそのまま利用できることもメリットです。近い将来、Atlasのような AI搭載の二足歩行ロボットが社会のさまざまな場所で活躍するようになるでしょう。

歩くことも簡単にできるわけではないんだ

「ASIMO」「HRP-4C」の概要

「ASIMO」の基本仕様

身長：130cm　幅　：45cm
奥行：34cm　重量：48kg
性能：最大速度9km/h
　　　稼働時間40分（歩行時）
※自動充電機能で連続稼働が可能
※2011年11月時点

●Hondaが定めた自律機械としてのロボットに必要な要素

- とっさに足を出して姿勢を保つ「**高次元姿勢バランス**」
- 周囲の人の動きなどの変化を複数のセンサーからの情報を総合して推定する「**外界認識**」
- 集めた情報から予測して、人の操作の介在なしに自ら次の行動を判断する「**自律行動生成**」

「HRP-4C」の概要

- 身長158cm
  体重43kg（バッテリー含む）
- 関節位置や寸法は「日本人人体寸法データベース1997-98」の**青年女性の平均値**を参考に、人間に近い外観を実現している
- 人間に極めて近い動作を実現するため、腰に3自由度、首に3自由度、顔に8自由度を設けている
- 歩行動作や全身動作は**モーションキャプチャー**で計測した人間の歩行動作や全身動作を参考に、HRPで開発された**二足歩行ロボットの制御技術**を適用することにより、人間に極めて近い動作を実現している
- **音声認識RTミドルウェア**が実装された頭部コンピューターで人間の音声を認識し、音声認識結果に基づく応答動作など、人間とのインタラクションを実現している

ボストン・ダイナミクスが開発した「Atlas」

大きく跳び上がるAtlas

画像：ボストン・ダイナミクスWebサイト

身長・体重

身長：約1.5m　体重：約89kg
チタンとアルミニウムの3Dプリント部品を混合して使い、宙返りに必要な強度重量比を実現

ハイパワー

カスタムバッテリーと油圧アクチュエーターにより、高出力・高機動性を実現
自由度：28

動的

高度な制御アルゴリズムにより、環境を考慮しながら複雑な全身の動きを実行
スピード：2.5m/秒

産業ロボットと
AI

AI搭載ロボットで多品種少量生産が可能

工場では多くの産業ロボットが使われていますが、AIを搭載することで、その価値が大きく上がります。

工場では**ロボットアーム**などが利用されていますよね？　ロボットの開発も進んでいるんですか？

そうですね。伝統的な産業ロボットは人間がプログラムしたタスク（動作）を繰り返し実行するという特徴があります。同一製品の大量生産には向いていますが、別の製品を生産させるにはプログラミングし直す必要があり、**多品種少量生産**には向きませんでした。しかし、AI搭載の産業ロボットなら人間が動きを教えなくても自律的に学習して行動できます。

最近は多品種少量生産がトレンドですもんね。AI搭載により、時代の要請に応えることができるわけですね。

製造ラインではロボットと人間の協働も増えていますから、AIが搭載されていれば人間と密接に関わることができます。

AIを搭載することで、生産性を大きく高められるんですね。

▶ **ロボットアーム**
人間の手や腕のような動作をする機構。一般にプログラムによって動作や制御を行う。

▶ **多品種少量生産**
多くの種類の製品を少ない数量で生産すること。価値観の多様化や、サービスのパーソナライズ化により、製品の生産は多品種少量生産に移行している。

産業ロボットへのAI搭載のメリット

これまでの製造現場の産業機械は、特定の動作を繰り返し実行することに特化していて、複雑な動作や少量多品種の生産には向きませんでした。AIの搭載により、データに基づいた最適な動作を自動作成できるようにすることで、製造現場の複雑な工程にも柔軟に対応できるようになっています。

従来の産業ロボット

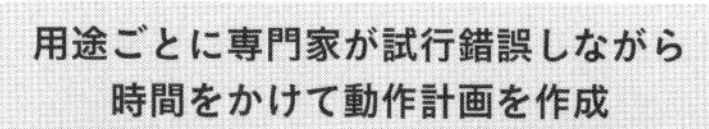

特定の動作を繰り返すことが特徴で、複雑なことができない

少量多品種の工程の自動化が困難

ロボットの柔軟な運用の課題

⇒

AI搭載後

製品データに基づき最適な動作を短時間で自動作成

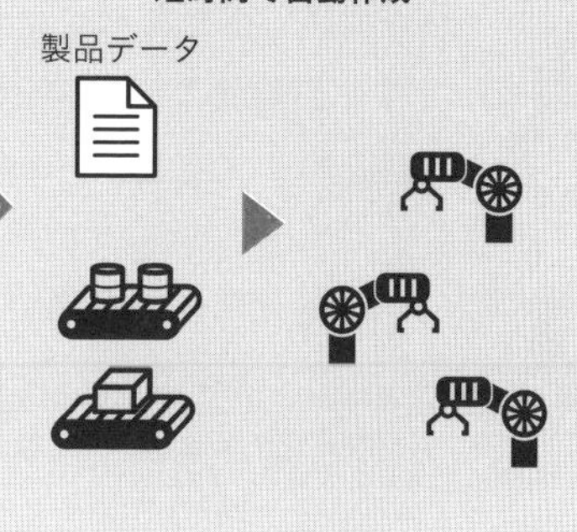

複数のロボットによる工程も短時間で立ち上げ可能

AIによる工場の効率化と活用できるAI技術の例

工場で活用できるAI技術

- **画像認識**：大量の画像データから学習をすることで、不良品の検出などが効果的に行える
- **予測分析**：製造プロセスのデータを解析し、異常検知や将来の故障の予測を行う
- **自動運転技術**：ドローンでの部品の運搬など、倉庫内の移動を自動化
- **自律型ロボット**：ロボットアームなどの自律型ロボットで、製造ラインを自動化
- **自然言語処理**：操作マニュアルなどを解析し、メンテナンスなどをサポート

など

⇒

AIによる工場の効率化の例

- 不良品発生の防止
- 不良品の検出と除去
- 複雑な工程における安定した製造
- 発生しうるリスクの検出
- 生産性の高いオペレーションの実現
- 多量な製品の検品作業
- 製品管理や在庫管理の最適化
- 機械や設備の保守点検　など

CHAPTER >>> 1

条件付き自動運転を実現した市販車が次々と登場

AIにより自動車は安全で便利なものに発展中です。
条件付きで自動運転も実現されています。

先日、友人が自動運転対応車を購入したんです。自動運転はAIの代表的な応用例のひとつですよね？

はい、自動車にAIが搭載されたことで、危険を感知して自動的にブレーキやステアリングを操作してくれる**アシスト機能**や、自動運転機能を備えた自動車が市販されるようになっています。

AIが運転をしてくれるんですよね？

自動運転はレベル０～５の６段階が規定されていますが、レベル３以上はAI（システム）が運転を行うことになります。

現在はどこまで到達しているんですか？

レベル３の条件付き運転自動化に対応した市販車が販売されています。海外ではレベル４を実現した**無人タクシー**なども登場しています。日本でも実証実験が始まっており、本格的に普及するのは2027年頃になるとみられています。

▶ **アシスト機能**
自動ブレーキや、駐車・出庫時のステアリング操作、全方位の安全確認など、さまざまな機能がある。

▶ **無人タクシー**
運転席のない自動運転のタクシー。車内空間が広く、ビジネスの打ち合わせなども行える。走行ルートなど特定条件下で完全自動運転が可能。

自動運転車の仕組み

自動運転は、人間による自動車の運転のうち、目や耳による「認知」、脳での「予測」や「判断」、ハンドルやアクセル制御などの「操作」を、運転者に代わり、システム（制御プログラム）が行います。

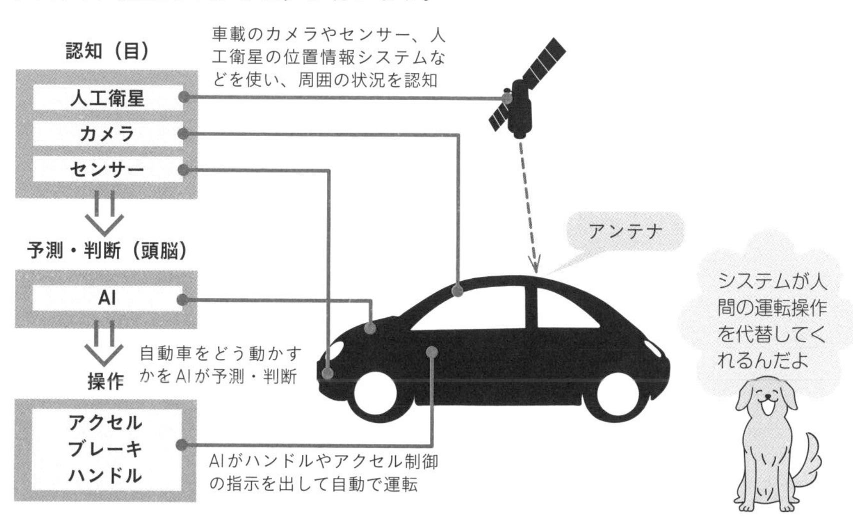

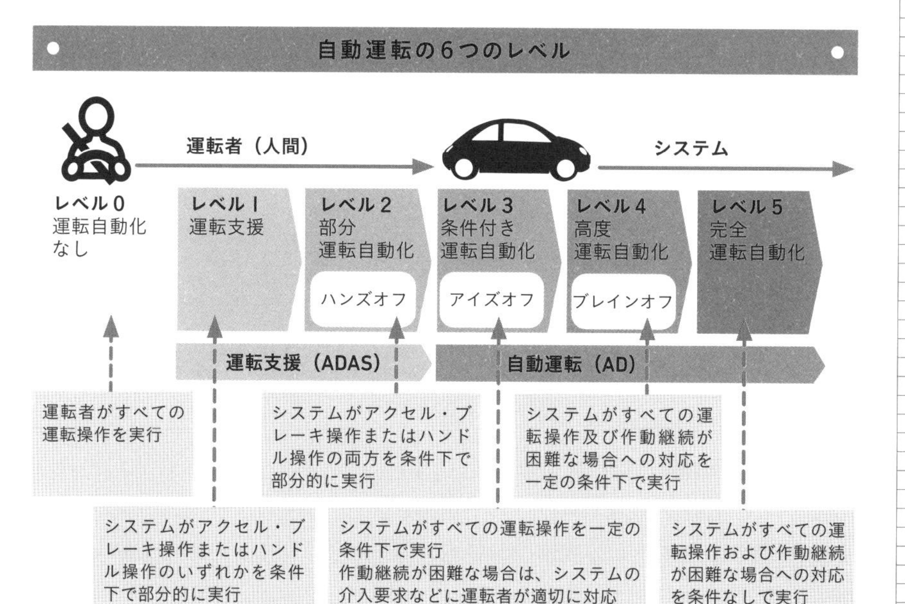

CHAPTER >>> 1

無人機やドローンもAIで応用範囲が広がる

AI搭載の無人機やドローンは、人物の自動追跡や建物の劣化識別など高度な機能を実現します。

最近は**ドローン**なども、さまざまな分野で活用されていますよね。

ドローンや無人機は、もともとGPSやセンサーを搭載し、安定した**自律飛行**を実現しているものが多いです。最近ではAIを搭載したドローンも増えています。

AI搭載ドローンって、どんなことができるんですか？

たとえば、カメラで人物を識別し、その人物を自動追跡して撮影する小型ドローンや、カメラで撮影した鉄塔の映像からサビの部分を検知し、その映像だけを送信するドローンも登場しています。

なるほど、ドローンなら人間が簡単に行けない場所にも飛ばせるので便利ですね。

AIで画像を解析し、「人が倒れている」などといった異常を見つけ、警備員に伝達する機能をもつ警備用ドローンの実証実験も行われました。

▶**ドローン**
遠隔操作または自動制御により飛行する無人航空機のこと。

▶**自律飛行**
人間による操縦が不要で、ドローンが自動で飛行する機能。飛行ルートを設定し、GPSで位置情報を収集しながら目的地へ向かう。自動追跡なども可能になる。

AI搭載ドローンによる鉄塔のサビ検知

AI搭載ドローンは、建物や設備などの異常検知などに活用できます。ドローンによる自律飛行で異常箇所を撮影し、AIが撮影した映像に基づき、AIがリアルタイムに異常を識別します。撮影した映像はクラウド上のサーバへ自動でアップロードされ、パソコンや携帯端末などでチェックすることが可能です。

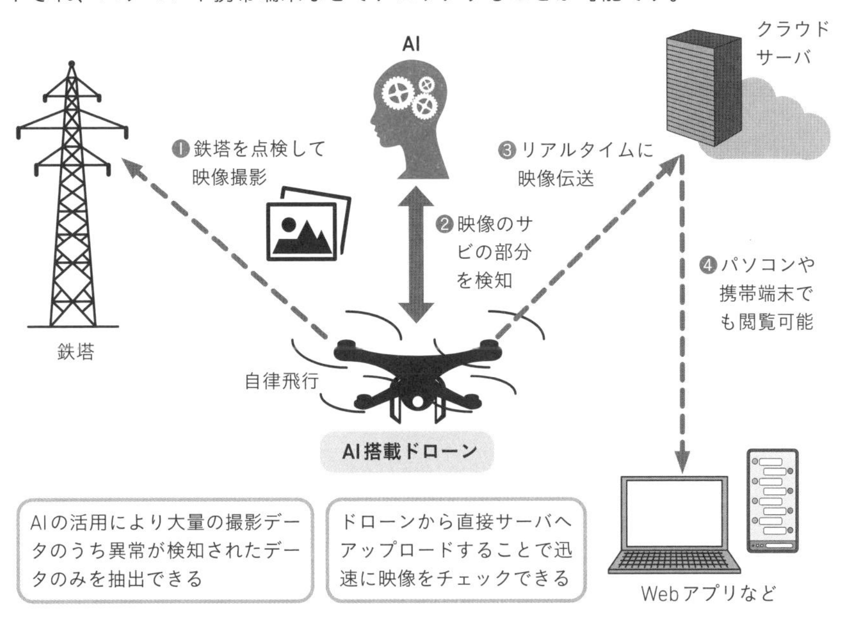

AI搭載ドローンの活用事例

〈農業〉
農作物モニタリング
農地を監視し、農作物の生育状況や農地の状態などを撮影し、自動で判定して、水や肥料などの散布を行う

〈建設業〉
進捗モニタリング
建設現場を定期的に飛行し、画像や映像から進捗データを分析してスケジュールの遅れや問題点を早期に把握する

〈物流〉
在庫管理
倉庫内を飛行し、在庫数の状況を撮影して在庫の最適化、補充タイミングの予測などを行う

〈自治体〉
環境測定
大気中の汚染や環境の変化などのデータを収集・解析し、環境状態の改善を提案する

軍事利用されるAI

AIと軍事には密接な関係がある

AIは素晴らしい技術ですが、それも使い方次第であり、軍事にも利用されています。

AIは、我々の生活をより豊かで快適なものにしてくれる可能性のある技術ですが、よい面ばかりとは限りません。たとえば、「AIはよく切れる包丁と同じ」などといわれることがあります。包丁は料理に使う道具ですが、使い方次第では人を殺傷する凶器にもなり得ます。

AIもそれと同じく、使い方によっては我々の生活を脅かすことにもつながるのです。特に懸念されているのがAIの軍事利用です。もともと、AIのベースになるコンピューターは軍事と密接な関係があり、1946年に完成した黎明期のコンピューター（電子計算機）「ENIAC」は、米国陸軍の弾道計算のためにつくられました。その後も、コンピューターは軍事システムにおいて重要な役割を果たしています。

AIと軍事との関わりは、1980年代の第２次AIブームに遡ります。第２次AIブームでは、専門家の知識をコンピューターに教え込むエキスパートシステムが注目されましたが、軍事においてもエキスパートシステムが活用されています。たとえば、海上自衛隊の護衛艦に搭載されている「近接防御システム」もそのひとつです。近接防御システムは、飛来するミサイルの速度や角度などを分析し、脅威が高いと判断した順に撃墜するものです。また、1991年の湾岸戦争では、米国がAIによるレーダーの修理支援システムを導入しています。

第３次AIブームでは、ディープラーニングにより、高い精度で画像認識をできるようになりました。より高度なAIを搭載した無人戦闘車両なども開発されています。ロシアのカラシニコフ社が開発した無人戦闘車両「Uran9」には、画像認識で標的を識別し、搭載しているミサイルや機関銃を発射するAIが組み込まれています。AIは敵を識別し、人間に知らせるだけですが、人間が攻撃命令を出して攻撃を行う「半自動モード」と、人間が介在せず、すべてAIが判断する「全自動モード」を切り替えることができます。2018年には、ロシアがシリアに「Uran9」を供与し、実戦に投入されましたが、センサーなどに問題が見つかったとされています。このままAIが進化すると、AIが勝手に判断して戦争が始まってしまうのではないかと危惧する人も増えています。

米国と中国は、そうした懸念に対処するため、2023年11月15日の首脳会談において、AIの軍事利用の制限について協議することを合意しました。AIの軍事利用は、あくまで人的被害を少なくするために用いられるべきでしょう。

AIの軍事利用の例

〈AI搭載ドローン〉
自律型兵器システム
偵察、攻撃、守備の目的で軍事利用が可能。自律飛行型であれば、敵を検知し、AIが攻撃判断を下すこともできる

〈自動運転〉
無人戦車と無人兵器システム
AI搭載の無人戦車や兵器システムは、制圧力の向上や人員のリスクを減少させつつ、危険な任務の実行も可能

〈攻撃の最適化〉
サイバー攻撃
AIはサイバー戦争に用いられる可能性があり、攻撃者は複雑なサイバー攻撃を仕掛け、同時に国家や組織はAIを使用してサイバー攻撃からの守りを固める

〈データの解析と予測〉
作戦の予測
AIは大量のデータを処理し、作戦予測や意思決定を支援するだけではなく、戦略の立案や戦術の実行もする

〈AIカメラ〉
偵察
AI搭載の偵察機により、敵勢力の動向や情報を高精度かつ迅速に収集する

〈インターネット解析〉
戦術的分析
AIはSNSや通信データなどの情報を解析し、テロ活動や治安状況の予測・分析ができる

2023年には「AIと自律性のある軍事利用に関する政治宣言」の初会合が行われ、日本も参加したんだ

COLUMN

AIはどのように普及していくのでしょうか?

インターネットのように誰もが当たり前に使うようになるでしょう。

AIは、ここ数年で急速に普及し、さまざまな場面で利用されるようになりました。

現時点では、AIの利用というと、自分でChatGPTにアクセスしたり、Windows 11のCopilot機能を呼び出したりするなど、能動的にAIを利用することが多くなっていますが、将来的にはAIをわざわざ使うということを意識せずに、誰もが当たり前にAIを使う世の中になるでしょう。

ちょうど今のインターネットのようなものです。インターネットが登場してからしばらくは、インターネットを利用して、何かを行うという意識が強かったのですが、現在では特にインターネットを利用しているという意識をもたず、スマートフォンでWebサイトを見たり、LINEでメッセージをやりとりしたりする方がほとんどでしょう。

今後は、スマートフォンだけでなく、腕時計型デバイスやペンダント型デバイス、メガネ型デバイスなど、気軽に身につけられるウェアラブルデバイスでAIが利用できるようになるでしょう。誰もが意識せず、AIの恩恵を気軽に受けられる時代がすぐそこまで来ているのです。

第2章

AIとは何かを知ろう

AIは、生物の知能を人工的に再現したもの。
AIが得意なことや不得意なこと、
AIと関連が深い分野などAIを概観しましょう。

この章でわかること

AIとは何か まずは基本を押さえよう

AIの基本を押さえたうえで最近注目の生成AIまで重要なトピックを紹介します

AIの基本を押さえる

▼

P.48

AIの定義
「知能を再現したもの」

P.52

正解がある
仕事が得意

P.53

感情を察する
仕事が不得意

P.64

学問
統計学と親和性あり

P.50

種類
強いAI 弱いAI

AIの学習の基本を押さえる

P.58

機械学習を知る

P.60

深層学習を知る

P.62

教師ありと教師なしの学習

P.68

AIの学習に必要な

ビッグデータ

AIの学習にはさまざまなデータが必要なんだよ

CHAPTER >>> 2

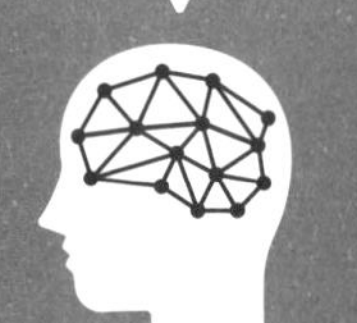

自然界にある知能を再現したものがAI

まずはAIがどういうもので、何を行うものなのか、AIの定義について大枠を理解しましょう。

「AI」の言葉の意味はわかりますか？

AIは「Artificial Intelligence」の略で、「人工知能」って意味ですよね？

そうです。人間などの生物がもつ知能を人工的に再現したものがAIということです。それでは「知能」とは何でしょう？

知能が何かと聞かれると難しいですね。

知能にはさまざまな**定義**がありますが、ひとつに「生物が合理的に行動し、自分の環境を能率的に処理する総合的な能力」というものがあります。つまり、知能は「生物が日常で判断し、適切な行動をとること、そうした知的な振る舞い」といえます。

わかったような、わからないような感じですが、AIってかなり広い概念なんですね。

そうですね、AIは多様な分野にわたるものなんです。なかでも注目されている分野に**機械学習**や**深層学習**があります。

▶ **定義**
ここでの定義は、米国の心理学者デイヴィッド・ウェクスラーによる定義をもとにしている。

▶ **機械学習**
AIの分野のひとつ。コンピューター（機械）が大量のデータを学習することで、データのルールやパターンを見つけ出す技術。

▶ **深層学習**
機械学習の手法のひとつ。ディープラーニングともいう。人間の脳内にある神経細胞（ニューロン）のつながりをモデル化したニューラルネットワークを用い、学習データからルールやパターンなどを獲得する手法。

人間の知能を再現したAI

AI（Artificial Intelligence：人工知能）とは、人間などの生物がもつ知能を人工的に再現したもので、文章を書く、絵を描く、言葉を認識する、ゲームをするといったさまざまな知的活動を行わせることができます。

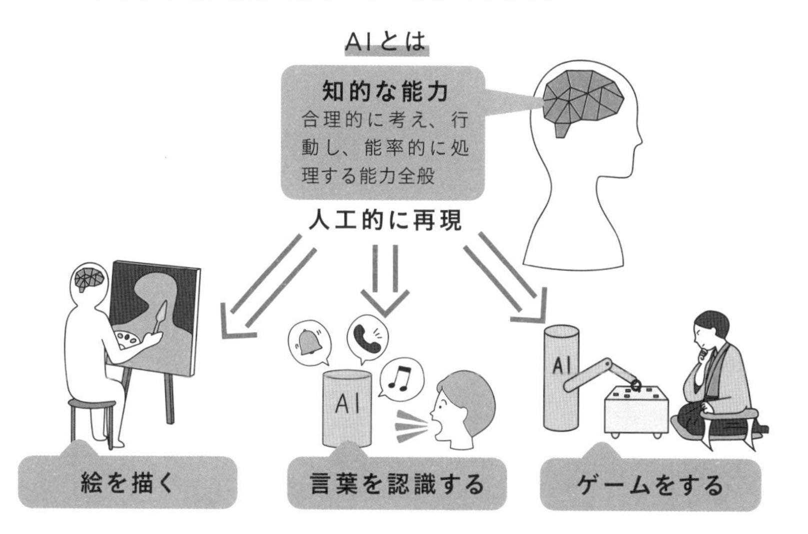

さまざまな分野が含まれるAI

AIには、さまざまな分野が含まれますが、そのひとつに大量のデータから学習する「機械学習」があります。また、機械学習の手法のひとつに「深層学習」があるというように、階層構造になっています。

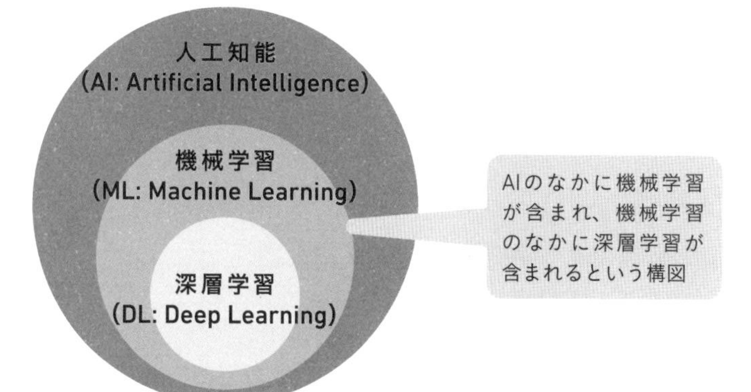

CHAPTER >>> 2

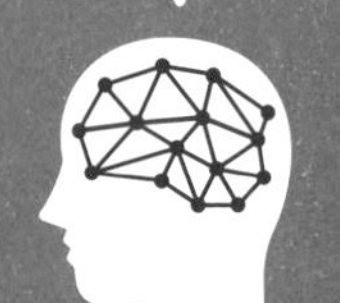

自ら判断できるAIはまだ実現していない

AIは「強いAI」と「弱いAI」の2種類に大別できます。その違いを理解しましょう。

AIは、大きく2つに分けられます。

物事を見分けるAIと、文章を書いたり絵を描いたりするAIですか？

そういう分類もできますが、もっと大きな分類があるんです。日本語では「強いAI」と「弱いAI」と呼ばれます。

「強い」って、AIの何が強いんですか？

「強いAI」とは、人間のような意識をもち、あらゆる分野の仕事を判断して行えるAIのことです。一方、「弱いAI」は、プログラムされたことしかできないAIです。

「強いAI」がドラえもん、「弱いAI」が自動運転車、みたいな感じですか？

そんなイメージでよいでしょう。たとえば、**画像認識**や**機械翻訳**など、実用化されているAIはすべて弱いAIなんです。SF映画に出てくるような強いAIの実現には、まだ多くの**課題**が残っています。

▶ **画像認識**
画像内の文字や顔などの特徴を把握し、それを識別して検出する技術。

▶ **機械翻訳**
ある言語の文章や音声を処理し、別の言語に翻訳する技術。

▶ **課題**
「強いAI」の実現には、抽象的な概念や常識的な推論をどのように学習させるか、人間のような曖昧な判断をどのように行わせるかといった課題が多く存在する。

「強いAI」と「弱いAI」の違い

AIの分類方法のひとつに「強いAI」と「弱いAI」という分け方があります。「強いAI」とは、人間のような意識をもち、あらゆることを判断して行えるAIです。一方、「弱いAI」は、意識をもたず、プログラムされたことしかできないAIです。

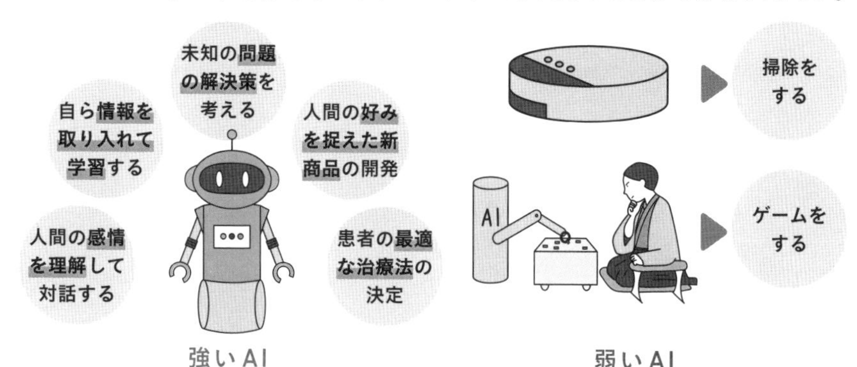

強いAI
人間のような意識をもち、あらゆる分野の仕事を判断して行えるAI

弱いAI
意識をもたず、プログラムされたことしかできないAI

「強いAI」と「弱いAI」の例

「弱いAI」はゲームや自動車、電化製品など、さまざまな分野で実用化がされていますが、「強いAI」はまだ実現していません。抽象的な概念や、常識的な推論、曖昧な判断などといった点で課題があります。

強いAI

- ドラえもん
- 鉄腕アトム
- 『ターミネーター』シリーズのスカイネット
- 『アベンジャーズ』シリーズのウルトロン
- 『攻殻機動隊』シリーズのタチコマなど
- 『NieR: Automata』の2Bなど

↓

いまだ実現しておらず、フィクションの世界にしか存在しない

弱いAI

- 囲碁に特化したAlphaGo（アルファ碁）
- 画像認識に特化したGoogleレンズ
- 自然言語処理に特化したSiri
- 掃除に特化したロボット掃除機「ルンバ」
- 会計に特化した無人レジ
- 走行に特化した自動運転車

さまざまなものが実用化されており、生活や産業に使われている

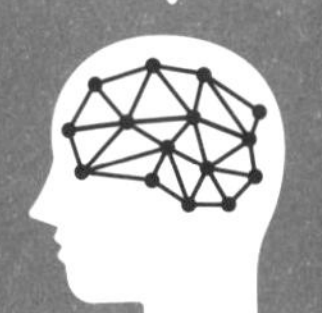

AIは正解が決まっている仕事が得意

AIは正解が決まっている仕事は得意ですが、複雑な作業や感覚的な判断などは不得意です。

AIというと何でもできそうに思われるかもしれませんが、**AIにも得意分野と不得意分野があります**。AIはどんなことが得意だと思いますか？

囲碁とか将棋とかですか？

そうですね。囲碁も将棋も勝ち負けがありますが、**AIは正解が決められている仕事は得意**です。また、画像や音声の認識、過去のデータからの**未来予測**などもうまくこなします。それでは、不得意なことは何でしょうか？

▶**未来予測**
大量のデータを処理することで、ルールやパターンを見つけ出し、未来の事象を予測する技術。

うーん、空気を読むとか……。

たしかに。**空気を読んだり、人間の気持ちを汲み取ったりすることは苦手**です。また、これまでになかったものをゼロからつくり出す**クリエイティブな仕事も得意ではありません**。ただ、学習して再現することはできますので、たとえば画家の絵をたくさん学習させて**画風をまねた新しい絵を描かせる**ことはできますね。

AIは
正解のない
あいまいなこと
が苦手だよ

AIが得意な仕事と分野

AIは大量のデータを処理したり、正解が決められていたりする仕事が得意で、特に音声や画像などの分類、未来予測、パターン認識などで実力を発揮します。産業機械の制御や自動運転車などにもAIの技術が活用されています。

音声や画像などの分類

未知のデータがどのグループに属するかを予測・推論できる

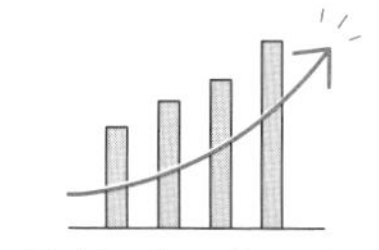

連続データによる未来予測

商品の販売数など、連続する入力値から、次の値を予測・推論できる

パターンの認識

文字や画像、音声などのデータから一定の特徴や規則などを抽出できる

機械の制御や自動化

産業機械の制御や自動運転など、環境の情報に対し、行動を最適化できる

AIが得意な分野

実行
- 表現生成
- デザイン
- 行動最適化
- 作業の自動化

AIが不得意なこと

AIは多くの分野で活用されていますが、不得意なこともあります。たとえば人間の気持ちや感情を汲み取ったり、仕事の目的や理由を考えたりすることは苦手です。また、ゼロから芸術作品をつくり出すことなども得意ではありません。

気持ちや感情を汲み取る仕事

気持ちを理解したり察したりすることが必要な接客やカウンセリングなどは苦手

目的や理由を考える仕事

仕事の目的や理由を考えたり、問いを立てたりすることが不得意

クリエイティブな仕事

これまでになかったものをゼロからつくり出すことが苦手

CHAPTER >>> 2

60年以上前から始まったAIの歴史

AIはいつ誕生し、どのように進化してきたのでしょうか？　AIの誕生と歴史を解説します。

「AI」という言葉がいつ頃に生まれたか、知っていますか？

数年前からよく耳にするようになったので、20年前くらいでしょうか？

AIという言葉が生まれたのは、今から60年以上前の1956年です。科学者が集まった**ダートマス会議**で、米国の学者ジョン・マッカーシーが「人間の脳に近い機能をもったプログラム」を「AI」（人工知能）と名付けました。

そんなに昔から研究されているとは、意識をもつAIって実現が難しいんですね。

実は、AI研究が盛んになった時代と下火になった「**冬の時代**」を繰り返して現在に至っているんです。今は第３次AIブームと呼ばれています。AIの実用性がだんだん高まり、多様な分野で利用されるようになりました。そして2021年から**生成AI**が急速に発展していますが、それを新しいAIブームとみなすこともあります。

▶ **ダートマス会議**
1956年に米ダートマス大学で開催された研究発表会のこと。AI（Artificial Intelligence）という言葉が初めて使われたとされる。

▶ **冬の時代**
AIへの期待が高まるものの、思った成果が出ず、研究や取り組みが減少した時期。

▶ **生成AI**
命令文を与えることで、それに基づいた文章や音楽、映像などをつくり出すAI。主なものにChatGPTやStable Diffusionなど。

AIの誕生と歴史

AIの研究開発は1950年代から始まったといわれており、それ以降、3回のAIブームと2回の冬の時代が到来しています。現在は第3次AIブームの渦中にあり、深層学習（ディープラーニング）の登場により飛躍的に発展しています。

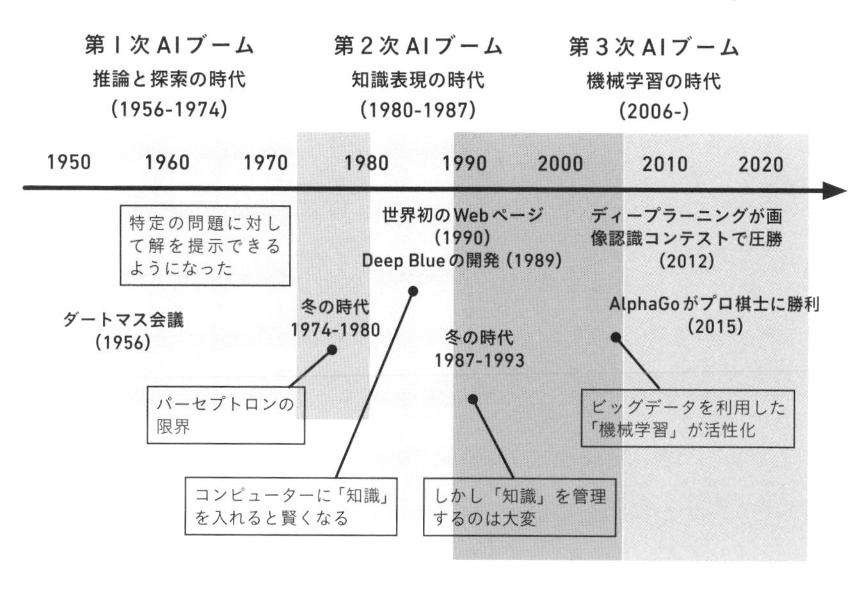

第1次AIブーム
(1956-1974)

推論と探索の時代

コンピューターによる「推論」や「探索」が可能となり、特定の問題に対して解を提示できるようになった

主な技術など

- 探索、推論
- 遺伝的アルゴリズム
- パーセプトロン

課題など

単純な問題は扱えても、複雑な現実の課題は解けない

第2次AIブーム
(1980-1987)

知識表現の時代

推論に必要な情報（知識）を与えることでAIが実用可能な水準に達し、多数のエキスパートシステムが生まれた

主な技術など

- ニューラルネットワーク
- エキスパートシステム
- 音声認識
- データマイニング

課題など

膨大な情報をAIが理解できる記述で用意するのが困難

第3次AIブーム
(2006-)

機械学習の時代

AI自身が知識を獲得する機械学習が実用化され、知識を定義する要素をAIが自ら習得する深層学習も登場

主な技術など

- 総計的自然言語処理
- 深層学習（ディープラーニング）

過去に2回あったAIブーム

期待と失望を繰り返してきたAI

現在は第3次AIブームと呼ばれ、AIが広く使われる時代になりました。

最近、ChatGPTの登場などで盛り上がりをみせるAIですが、「AI」という言葉が生まれたのは、今から60年以上前の1956年のことです。AIが誕生して期待が高まり、第1次AIブームが到来しました。第1次AIブームで研究されたのは「推論」と「探索」です。チェスなどのゲームや数学の定理証明など、特定の問題を解くことはできましたが、シンプルな問題しか解くことができず、現実の課題には対処できないことがわかり、1960年代の終わりにブームも終息しました。

その後、AI研究はしばらく冬の時代を迎えましたが、1970年代に「エキスパートシステム」が誕生します。これは、専門的な知識をコン

AIブームとAIに対する期待の高まり

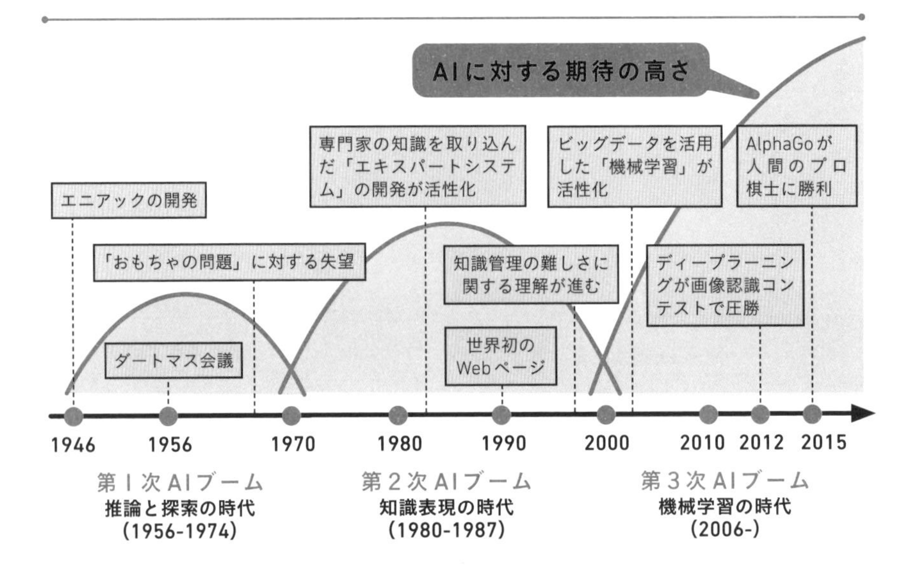

ピューターに取り込み、専門家のように推論を行えるようにしたシステムのことです。これをきっかけに、第２次AIブームが巻き起こりました。エキスパートシステムを活用することで、現実の課題解決も可能になると期待されたのです。しかしエキスパートシステムは、限られた分野では有効でしたが、すべての事象に対応するためには、人間が膨大な知識を記述して用意する必要があることや、曖昧な事象の判断が困難なことなどがあり、AIへの期待は再び低下し、冬の時代を迎えることになりました。

そして、2000年代後半から現在まで続いているのが第３次AIブームです。第３次AIブームは、ビッグデータを活用した機械学習の発展、特に2012年に画像認識コンテストで優勝した深層学習（ディープラーニング）と呼ばれるアルゴリズムの性能向上がきっかけとなりました。ディープラーニングをはじめとする最新のAIは、さまざまな分野への応用が図られています。また、2021年頃から急速に発展している生成AIのブームは、第４次AIブームと呼ばれることもあります。AIはすでに一過性のブームではなく、今後もさらに伸びていくことが期待されます。

第3次AIブームでできるようになったこと

ビッグデータの活用

インターネットなどの普及により大量のデータを学習データとして使えるようになった

機械学習の実用化

ビッグデータにより、AIが自ら知識を獲得できるようになり、効果的な機械学習が行えるようになった

ディープラーニングの発展

ディープラーニングの発展により画像認識や自然言語処理などの精度が飛躍的に向上

強化学習の発展

強化学習などの手法が進化し、AIが自ら学習して改善していくことが可能になった

新しいモデルの登場

自然言語処理の分野で新しいモデルが登場し、文脈を理解した高度な処理が可能になった

生成AIブームの到来

ChatGPTなど、日常レベルで生成AIを利用できるようになり、さらなる開発も進んでいる

CHAPTER >>> 2

多量のデータをもとにAIが自ら学習する

AIにはさまざまな分野がありますが、最も広く使われているのが機械学習です。

「機械学習」とは何かわかりますか？

「機械」が「学習」すること、それとも「機械」のように「学習」することですか？

前者が近いですね。機械、つまりAI自身が大量のデータから学習し、判断する仕組みのことです。機械学習は、AIのさまざまな分野のなかで最も広く使われている重要な仕組みです。

「機械」が「学習」するっていうのは、いかにもAIって感じですね。

はい。機械学習とはプログラムでひとつひとつ指示するのではなく、データでの学習を繰り返し、ルールやパターンなどを見つけ出して**「モデル」**をつくります。

なるほど、教える手間が省けますね。

そして、機械学習をさらに発展させたものがディープラーニング（P.60）です。この登場でAIは大きく発展しました。

学習を重ねることで、データを解析するためのモデルがつくられていくよ

▶ **モデル**
機械学習において、入力されたデータに対し、結果を導き出す仕組みのこと。学習を繰り返すことでモデルの精度が向上する。

学習を繰り返してモデルをつくる機械学習

機械学習では、たとえばWebサイトのユーザーであれば、購入履歴や開封率、クリック数などの膨大な行動データをAIが学習し、モデルを生成していきます。モデルをもとにAIが対応することで、自然なやり取りが可能になります。

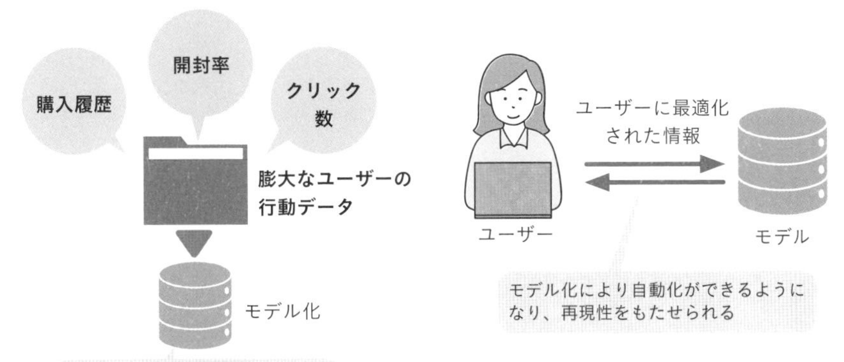

機械学習の主な用途

機械学習で作成したモデルの代表的な用途としては、分類、回帰、レコメンデーション、クラスタリング、次元削減の5つが挙げられます。それぞれの用途で、迷惑メールの判定や販売予測、商品推薦などに活用できます。

分類

与えられたデータを分類する

- 迷惑メールの判定
- 手書き文字の認識
- クレジットカードの不正検知

回帰

過去の実績から未知の値を予測する

- 販売予測
- 危険予測
- 機器の異常検知

推薦

ユーザーの嗜好を予測し、興味をもちそうな商品を推薦する

- ECサイトでの商品の推薦

クラスタリング

類似性をもとに与えられたデータをグループ化する

- 顧客情報の分析
- 衣服のサイズの決定

次元削減

データの特徴的傾向をできるだけ残しながら総量を減らす

- 顔認証
- データの可視化

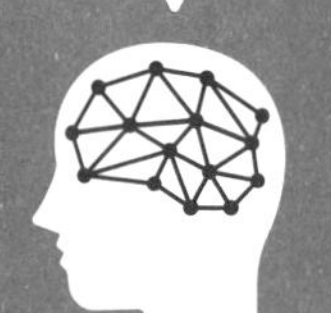

多層化させた学習で精度の高い判断ができる

多層化させた構造で学習することで、精度の高い判断ができるのがディープラーニングです。

AIでは「ディープラーニング」って言葉をよく聞きますけど、これは何ですか？

ディープラーニングは、機械学習の手法のひとつです。「深層学習」ともいいます。AIによる**画像認識コンテスト**で、ディープラーニングが従来の手法を大きく超える精度を出したことが、現在のAIブームのきっかけになりました。

ディープラーニングって、何が「ディープ」なんですか？

人間の脳の仕組みを参考に、多層化させた構造で学習させているんです。つまり、内部の**中間層**が多層化された（深い）**ニューラルネットワーク**を使って学習させるので、こう呼ばれるようになりました。

どんな特徴があるんですか？

人間がルールを教えなくても、AIが自分でルールやパターンを見つけて学習できることがディープラーニングの特徴です。

▶ **画像認識コンテスト**
2012年に行われたILSVRC 2012と呼ばれる世界的な画像認識コンテスト。画像中の物体の認識の精度を競うもので、ディープラーニングを利用したトロント大学のチームが圧勝した。

▶ **中間層**
入力層と出力層の間にある層。中間層では、入力層から取り込んだデータに対し、さまざまな計算処理を行い、選別・変換を行って、その結果を出力層に渡す。この中間層が2層以上のものをディープラーニングと呼ぶ。

▶ **ニューラルネットワーク**
人間の脳の神経細胞（ニューロン）のつながりを参考につくられたネットワーク。

機械学習とディープラーニングの違い

従来の機械学習では、どの特徴を使って画像を判別するかを人間が検討する必要がありました。ディープラーニングでは、複数の中間層でデータを処理することで、特徴量を抽出しながら学習し、モデルを生成できます。

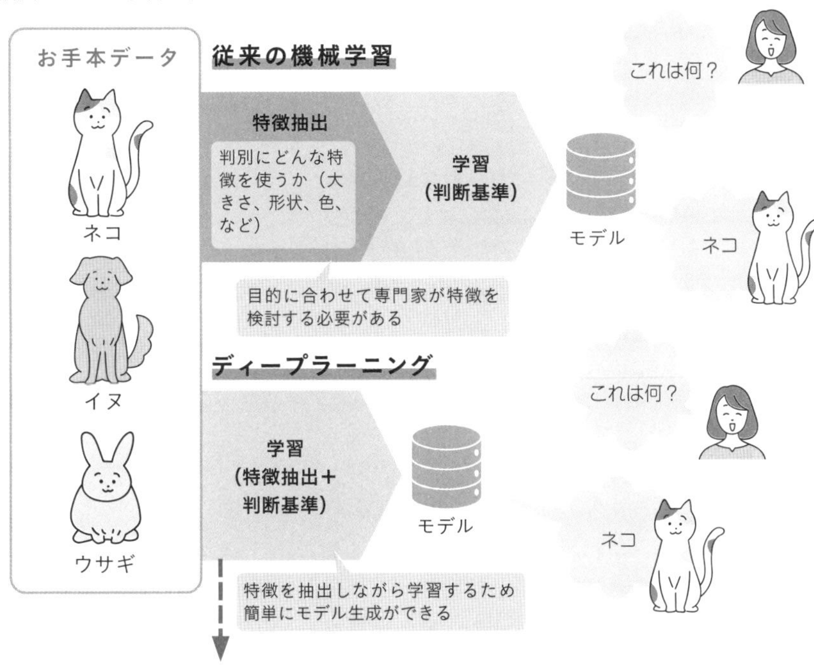

ディープラーニングのニューラルネットワークのイメージ（P.113参照）

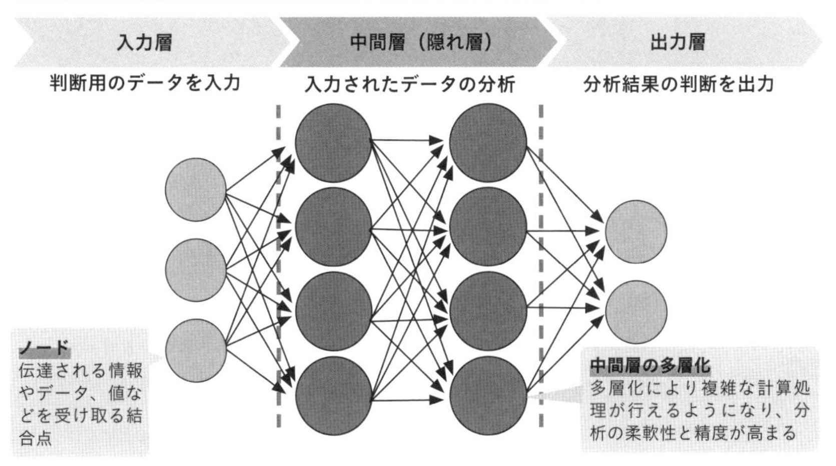

CHAPTER >>> 2

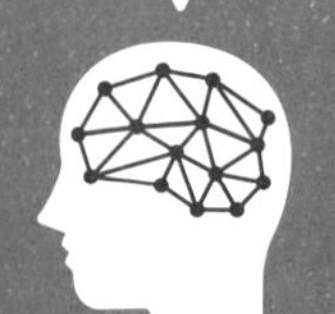

正解があるかないかで学習手法が変わる

AIの主な学習手法である「教師あり学習」と「教師なし学習」の違いを押さえておきましょう。

AIは、大量のデータから学習を行うことで、モデルの精度を上げていくことができます。AIの学習手法は「教師あり学習」と「教師なし学習」に大別できます。

教師あり学習っていうのは、「教師」がいる「学習」ということですよね？

だいたい合っています。教師というのは「正解」のこと。正解の**ラベル**の付いた学習データで学習するのが教師あり学習です。たとえば画像認識なら、猫の画像には「猫」、犬の画像には「犬」という正解ラベルが付いています。人間が与えた正解に基づいて特徴を学習していくんです。

▶ **ラベル**
各データに付ける正解などの情報のこと。

ということは、教師なし学習では、正解を与えないということですね？

はい。教師なし学習では、正解のラベルが付いていない、生のデータだけで学習します。教師なし学習の代表的な利用例には、**「クラスタリング」**や**「次元削減」**などがあります。

▶ **クラスタリング**
類似する特徴によってデータをグループ（クラスタ）に分類すること。

▶ **次元削減**
多次元のデータを、なるべく情報を失わないようにして低次元のデータに落とし込むこと。類似する特徴の情報を削減する。

教師あり学習の学習のイメージ

「教師あり学習」は学習データに正解のラベルを付けた状態で学習する手法です。猫なら「猫」、犬なら「犬」というラベルの付いた学習データで学習します。そのため、学習の速度が速く、学習の精度も高いことが特長です。

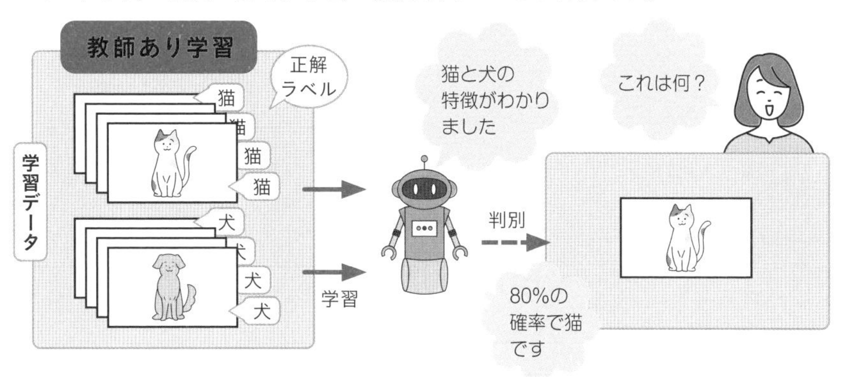

教師なし学習の学習のイメージ

「教師なし学習」は生の学習データのみで学習する手法です。生データのなかから特徴やパターンなどを見つけ出します。正解ラベルを付与する必要がないので、時間とコストがかかりませんが、学習の精度は低くなりやすいです。

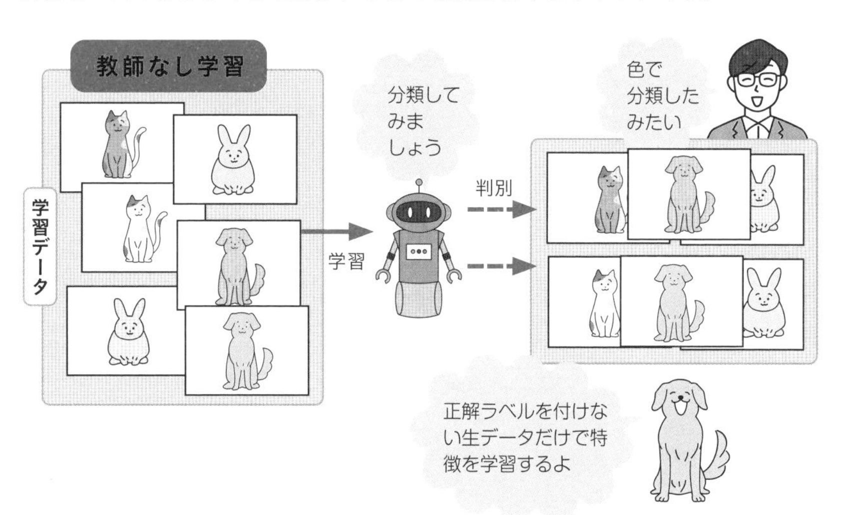

CHAPTER >>> 2

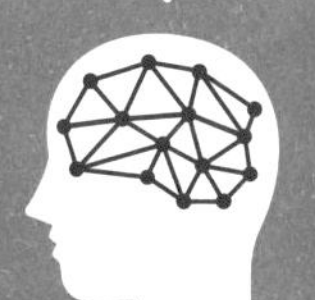

統計学とAIには深い関係がある

統計学とAIというと、あまり関係がないように思われるかもしれませんが、実は深い関係があります。

AIと関係が深い学問は何だと思います？

数学ですか？

もちろん、AIには数学も重要ですが、そのなかでも特に関係が深いのが**「統計学」**です。

統計学って、データを集計したりグラフを描いたりするものですよね？

それは少し違いますね。手段としてデータを集計したりグラフを使ったりすることはありますが、統計学はデータの特徴を解釈する学問なんです。

データの解釈がAIとどう関係しているんですか？

AIの代表的な手法である機械学習は、大量のデータからパターンを見つけ出す技術でした。つまり、データを読み解くというところに共通性があるんです。実際、機械学習の多くの**アルゴリズム**は統計学をベースにしています。

▶ **統計学**
得られたデータから、傾向や規則性などを見つけ出す学問。

▶ **アルゴリズム**
問題を解決したり目標を達成したりするための手順や考え方のこと。AIにはさまざまなアルゴリズムが用いられている。

AIの土台になっている統計学

機械学習や深層学習などには、統計学をベースとしているものが多くあります。統計学は、データの特徴や傾向などに応じて、人間が理解しやすいようにデータを解釈するための学問で、記述統計や推測統計などがあります。

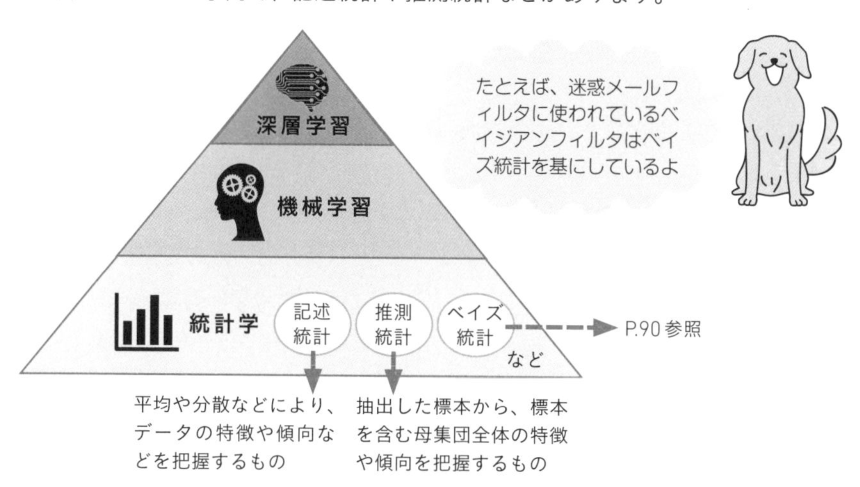

統計学と機械学習の違い

統計学はデータを解釈するための学問であるのに対し、機械学習はデータのパターンを見つけ出し、分類や識別、予測を行うための手法です。統計学はデータの解釈に、機械学習はデータの予測や分類に重きを置いているという違いがあります。

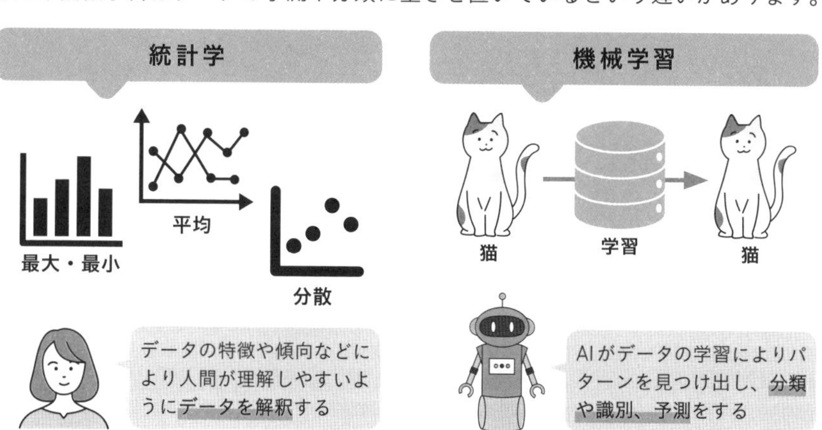

もっと詳しく！

相関関係と因果関係

関係が相関か因果かを把握

相関関係と因果関係は混同されやすいので、しっかりと区別しましょう。

商品の売上を分析したり、市場の動向を調査したりする際、データに「相関関係」や「因果関係」があるかどうかを探ることがあるでしょう。それぞれの意味をきちんと理解しておくことは、統計学と関係が深いAIを学ぶうえで重要です。

相関関係と因果関係は、どちらも２つの要素の関係を表す言葉です。たとえば、AとBという２つの要素の間に、「Aが変化すればBも変化する」という関係がある場合、「AとBは相関関係にある」といいます。

一方、因果関係とは、２つの要素の間に原因と結果の関係があることです。Aの変化が原因となり、その結果、Bの変化が起こる場合、「AとBは因果関係にある」といいま

「相関関係」と「因果関係」の関係

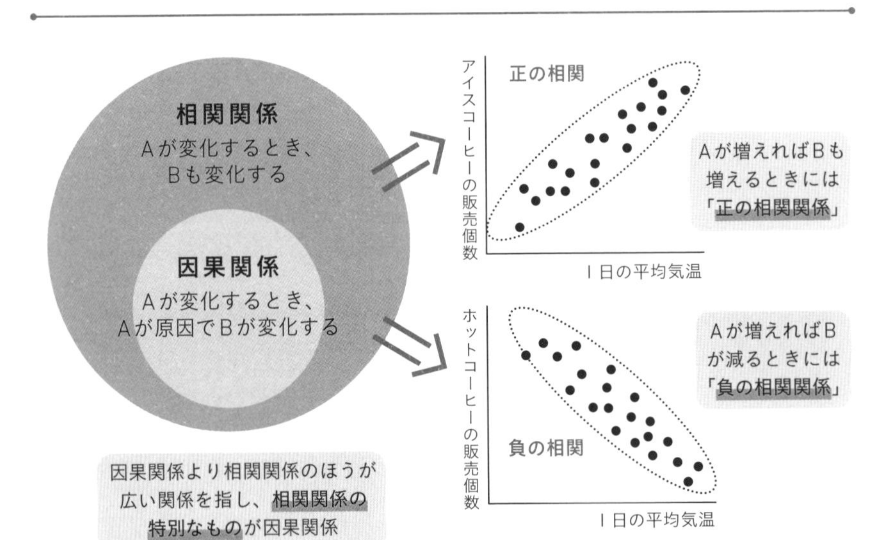

す。一見、相関関係と同じように思えますが、相関関係では、必ずしもAの変化が原因でBの変化が起こっているわけではありません。原因自体は別の要素にあることも多いのです。つまり、因果関係より相関関係のほうが広い関係を指しており、相関関係の特別なものが因果関係といえるでしょう。因果関係があれば必ず相関関係もありますが、逆は必ずしも成り立ちません。

具体例で考えてみましょう。夏季のアイスクリームとビールの売上を調べると、アイスクリームの売上が上がるほど、ビールの売上が上がるという関係がみられました。このとき、アイスクリームの売上とビールの売上の間には相関関係があるといえますが、因果関係があるとはいえません。アイスクリームが売れたことが原因でビールが売れたわけではないからです。

この場合、アイスクリームやビールと因果関係にあると考えられるのは「気温」です。気温が上がると、アイスクリームもビールもよく売れるようになります。相関関係か因果関係かを判断するには、こうした第3の要素が介在しているか、要素の背景に何らかの関係があるかを考えることが重要なのです。

調査結果に第3の要素が介在している例

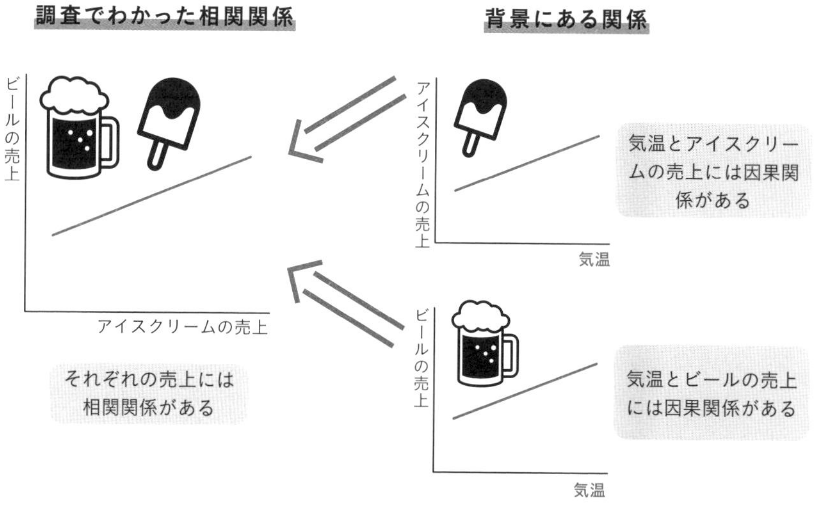

調査でわかった相関関係

ビールの売上
アイスクリームの売上
それぞれの売上には相関関係がある

背景にある関係

アイスクリームの売上
気温
気温とアイスクリームの売上には因果関係がある

ビールの売上
気温
気温とビールの売上には因果関係がある

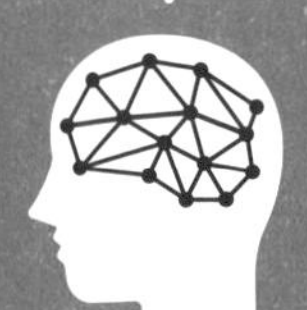

ビッグデータがAIの発展を支える

AIが急速に発展した理由のひとつに、ビッグデータが利用できるようになったことが挙げられます。

ビッグデータという言葉は知っていますよね？

もちろんです！　仕事でデータ分析をしていますからわかります。社会にある膨大なデータのことですよね。

ビッグデータはWebサイトやSNS、センサーなどから得られる多種・多量なデータのことだよ

そのとおり！　インターネットの普及により、多様かつ大量のデータが蓄積され、利用されるようになりました。AIは大量のデータで学習するほどモデルの精度が上がります。画像認識などの分野で、AIが人間の精度を超えるようになったのも、ビッグデータのおかげなんです。

なるほど、たとえば図書館にある本をすべて最初から最後まで読んで勉強するみたいなことですね。

はい、最近話題になった**ChatGPT**は、Webなどから収集した45TBものテキストファイルをもとに学習を行うことで、高い精度で自然な文章を生成することができるようになっています。

▶ **ChatGPT**
OpenAIが2022年11月に公開した、自然な文章で対話ができる無料の生成AIサービス。GPT-3.5をベースにしているが、後継のGPT-4をベースにした「ChatGPT Plus」（有料）も提供されている。

ビッグデータを構成する各種データ

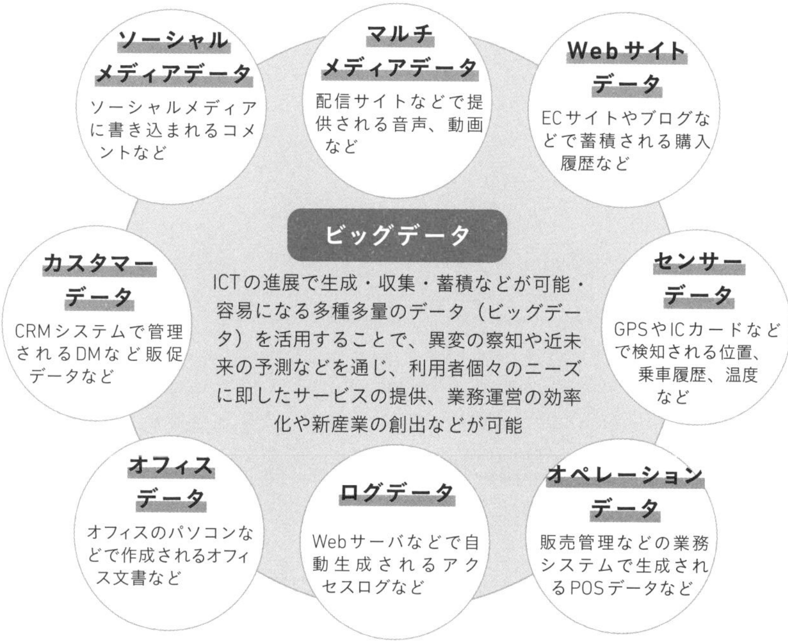

ソーシャルメディアデータ
ソーシャルメディアに書き込まれるコメントなど

マルチメディアデータ
配信サイトなどで提供される音声、動画など

Webサイトデータ
ECサイトやブログなどで蓄積される購入履歴など

ビッグデータ
ICTの進展で生成・収集・蓄積などが可能・容易になる多種多量のデータ（ビッグデータ）を活用することで、異変の察知や近未来の予測などを通じ、利用者個々のニーズに即したサービスの提供、業務運営の効率化や新産業の創出などが可能

カスタマーデータ
CRMシステムで管理されるDMなど販促データなど

センサーデータ
GPSやICカードなどで検知される位置、乗車履歴、温度など

オフィスデータ
オフィスのパソコンなどで作成されるオフィス文書など

ログデータ
Webサーバなどで自動生成されるアクセスログなど

オペレーションデータ
販売管理などの業務システムで生成されるPOSデータなど

出典：総務省「ビッグデータの活用に関するアドホックグループの検討状況」（平成24年4月24日）をもとに作成

ビッグデータが後押しするAIブーム

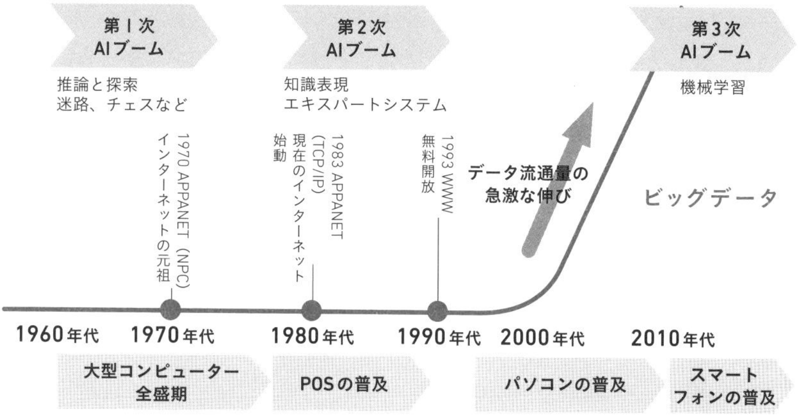

第1次AIブーム
推論と探索
迷路、チェスなど

第2次AIブーム
知識表現
エキスパートシステム

第3次AIブーム
機械学習

1970 APPANET（NPC）インターネットの元祖
1983 APPANET（TCP/IP）現在のインターネット始動
1993 WWW 無料開放

データ流通量の急激な伸び
ビッグデータ

1960年代　1970年代　1980年代　1990年代　2000年代　2010年代

大型コンピューター全盛期
POSの普及
パソコンの普及
スマートフォンの普及

出典：総務省「『利用者支援の原則』検討の方向性 AIネットワーク社会推進会議」（2016.11.8）をもとに作成

AIによるデータ分析

業務を変革するデータ分析の活用

多くの企業がDXに取り組んでいますが、核となるのがAIによるデータ分析です。

昨今、多くの業界ではDX（デジタルトランスフォーメーション）が推進されています。DXとは、企業が環境の変化に対応し、データとデジタル技術の活用により製品やサービス、ビジネスモデル、業務、組織、プロセス、企業文化・風土を変革して、競争優位を確立することです。そのDXのなかでも、特に核となるのが「AIによるデータ分析」の活用です。

AIは大量のデータから学習できるので、従来のデータ分析より高い精度で未来予測や画像認識などを行えます。たとえば大手小売業では、AIによる商品の需要予測が盛んに行われています。さらに、その予測結果に基づき、発注までを自動で行う仕組みも導入されつつあります。またコールセンターでも、AIに過去の問い合わせ履歴を学習させることで、顧客からの問い合わせに即座に回答するツールが使われています。そのほか建設業では、AIが建設機械の故障を予知し、故障前に保守点検を行うことで工期遅延を防ぐ事例もあります。

さまざまな業界で人手不足が深刻化していますが、AIによるデータ分析を活用することで、人手の代替を図り、また業務負荷を下げて労働環境を改善することにも寄与しています。人間のケアレスミスをゼロにすることはできませんが、AIならそうした人的ミスは起こしませんし、24時間365日稼動させても、疲れることがありません。もちろん、AIによる判断が100％正しいわけではありませんが、画像認識の精度などは人間を上回る水準に達しています。

AIによるデータ分析の応用により、さまざまなビジネスの課題を一挙に解消できる日が来ることも、そう遠くないかもしれません。

AIにはさまざまなデータの分析結果が応用されているよ

AIの各分野へのデータ活用例

予測・制御系

数値予測
エネルギー消費、価格、列車の遅延、病院待ち時間、渋滞予測、電力需要予測、気象予測

運転計画
機器運転計画、人員計画、材料利用計画、ビール工場、人員シフト、配送計画

予測候補表示
台風発生場所、新サービス・市場、地域経済、故障箇所予測

運転・制御
自動車、重機、飛行機、工作機械、農機、船、信号機、プラント、フォークリフト

認識・推定系

認証
指紋認証、顔認証、声帯認証、歩容認証、履歴認証

メディア認識
音声認識、画像認識、外観検査、廃棄物、商品、人物、樹木、自動車、動物、重機

異常検知
機械、製造現場、履歴データ、自然現象、人体、集団行動、取引データ、不良品、人工衛星など

状態推定
機械、患者、食品・農作物、運転モード、品質、混雑、インフラ設備監視

分析・要約系

要約
テキスト、数値データ、映像、Webデータ、レポート、学術資料、SNS、ニュース記事・映像など

言語データ分析
Webデータ、SNS、メール、アンケート、ニュース記事、音声書き起こしデータなど

数値データ分析
統計データ、運転データ、株、収支報告、売上、出荷記録、出力、発電量、検査数値記録など

メディアデータ分析
映像、音、振動、監視映像、定点カメラ、顕微鏡画像、工場ライン画像、スポーツ映像

生成・対話系

メディア変換
写真、線画、マンガ、3D、声質、画像圧縮

音声対話
窓口応対、コールセンター、Webサービス、高齢者支援

アドバイス
ファイナンス、ヘルスケア、法律相談、フィットネス、生活相談、省エネ、安全運転

知識整理
FAQ作成、Web検索、リスク判断、投資判断、情報検索、データ共有、知識共有

設計・デザイン系

パーソナライズ
ニュース記事、映像配信、対話、サービス、広告配信

スケジューリング
広告、審議、配達、人員計画

コーディネート
ファッション、旅行プラン、授業受講計画、料理メニュー

配置・設計
生産計画、調達計画、人員計画、投資計画、配置計画、配置最適化、棚割

協働・信頼形成系

調停・参謀
投票、合意形成、コンプライアンス順守

順番付け・選択
スクリーニング、トーナメント、選定

出典：人工知能学会「AIマップ」を参考に作成

CHAPTER >>> 2

生成 AI

文章や画像を新しくつくり出すAI

最近話題の生成AIの代表である「文書生成AI」と「画像生成AI」について見ていきます。

最近は生成AIが盛り上がっていますね。

そうですね。従来のAIは、写真に写っている物体や音声など、既存のデータを識別するものが中心でしたが、生成AIは文字どおり、文章や画像などを新しく生成してくれるAIで、画期的ですよね。

英語では、「Generative AI」と呼ばれている分野ですね。

はい。生成AIの代表といえるのが「文章生成AI」と「画像生成AI」です。文章生成AIでは、**プロンプト**を与えると、その指示に従った文章を生成してくれます。その代表は「ChatGPT」で、もとになっている「**GPT**」をベースにしたCopilotは、Windows 11にも採用されています。

画像生成AIの進歩もすごいですよね！

画像生成AIも同様に、プロンプトから画像を生成してくれます。

▶ **プロンプト**
ユーザーがAIに対して入力する「指示」や「質問」のこと。AIで生成する対象の方向性を決める指示情報を指す。

▶ **GPT**
Generative Pretrained Transformerの略。OpenAIが開発した言語モデルで、自然な文章を生成できることが特長。2018年のリリース以降、バージョン4まで登場している。

「従来のAI」と「生成AI」の違い

生成AIが従来のAIと異なる大きな点は、新たな文章や画像、映像などを生み出せることです。学習によりルールやパターンを獲得することは同様ですが、獲得したルールやパターンから新たなコンテンツを生成します。

〈従来のAI〉

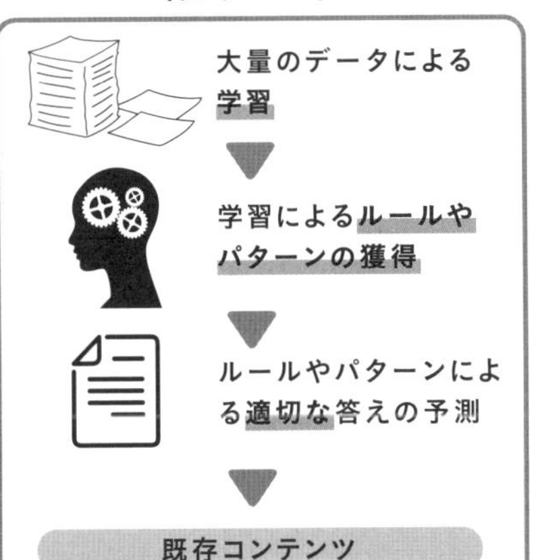

〈生成AI〉

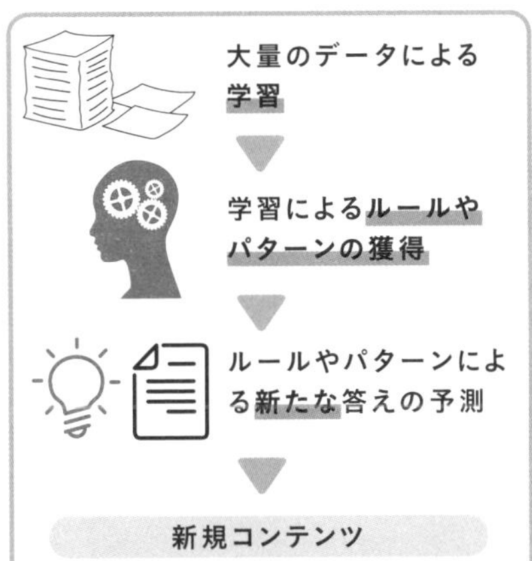

生成AIでできること

文章生成
プロンプトによる指示で自動的に文章を生成
ChatGPTなど

画像生成
プロンプトによる指示でオリジナルの画像を生成
Stable Diffusion など

音楽生成
曲のジャンルや雰囲気などを指定すれば和音や旋律などを生成
MusicLMなど

動画生成
プロンプトによる指示でイメージに近い短い動画を生成
Gen-2など

音声生成
プロンプトによる指示でイメージに近いオリジナルの音声を生成
VALL-Eなど

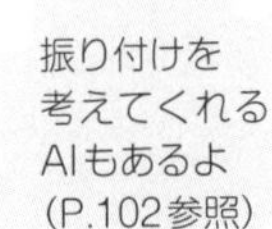

COLUMN

AIはブラックボックスで解答を導き出す過程がわからないというのは本当ですか？

結果を説明可能なAIの研究開発が行われています。

AIの代表的なアルゴリズムのひとつがディープラーニングです。ディープラーニングは、多くのデータを用いて学習を行うことで、物の識別や未来予測、異常検知、文章生成、画像生成など、さまざまなことが可能になります。しかし、ディープラーニングによる推論の結果が正しそうだとわかっても、どういうプロセスでその結果になったかを人間が理解するのは難しいのです。通常、人間は理由があって解答を導き出しますが、AIはその理由を説明するのが苦手なのです。

結果が正しければ、その結果を導くプロセスがわからなくても問題ないことが多いのですが、医療分野など、その結果を導いた理由も重要になる分野があります。また、バイアスがかかった結果が出た場合など、どうしてその結果になったのかを知りたいということもあります。

そこで、AIがその結果に至った経緯や判断の根拠を説明できる「XAI」（Explainable AIの略、日本語では説明可能なAI）の研究開発が進められています。

第3章

AIができることを覚えよう

AIは「分類」や「予測」が得意です。
その特徴を生かしてビジネスや生活の
さまざまな場面で活用してみましょう。

この章でわかること

AIで実現できる多様な機能を知ろう

AIはデータを分類したり、未来を予測したり、新たに生成したりすることが得意です

多量のデータを分類する

P.78
画像を認識する

P.80
感情を認識する

P.88
音声を認識する

P.94
データを分析する

P.84
チャットボットが回答する

P.90
メールを仕分ける

新たにデータを生み出す

P.82

画像を生み出す

P.86

文章を生み出す

P.92

音楽を生み出す

P.102

動きを再現する

さまざまな分野のコンテンツを生み出せるよ

画像認識の精度は人間を上回る

AIではさまざまな処理が行えますが、そのひとつに画像認識の分野があります。

第３次AIブームのきっかけは何だったか、覚えていますか？

たしか、ディープラーニングが**画像認識**で高精度な結果を出したことですよね。

そうです。画像に写っているものの特徴を把握し、それを識別することは、ディープラーニングの得意な**タスク**です。2012年のコンテストでは、ディープラーニングを使って優勝したチームの**エラー率**はわずか15.3％でした。2011年の優勝チームは25.8％でしたので、いかにディープラーニングが高精度か理解できるでしょう。

得意といっても人間の目にはかなわないんじゃないですか？

それがそうでもないんですよ。右ページのグラフのように、ディープラーニングの画像認識の精度は年々向上していて、2015年には人間のエラー率（５％）より低くなりました。画像認識の分野では、人間の能力を超えたともいえます。

▶ **画像認識**
P.50参照。

▶ **タスク**
AIが行う処理や作業のこと。

▶ **エラー率**
AIが誤った出力をした割合（全体の何％を間違えたか）を表す評価指標。

画像認識コンテストの優勝チームのエラー率

AIの画像認識の精度は年々向上しており、エラー率は2010年の28.2％から2017年には2.6％まで低下しています。人間のエラー率が約５％であることを考えると、画像認識の能力はすでに人間を超えているということもできます。

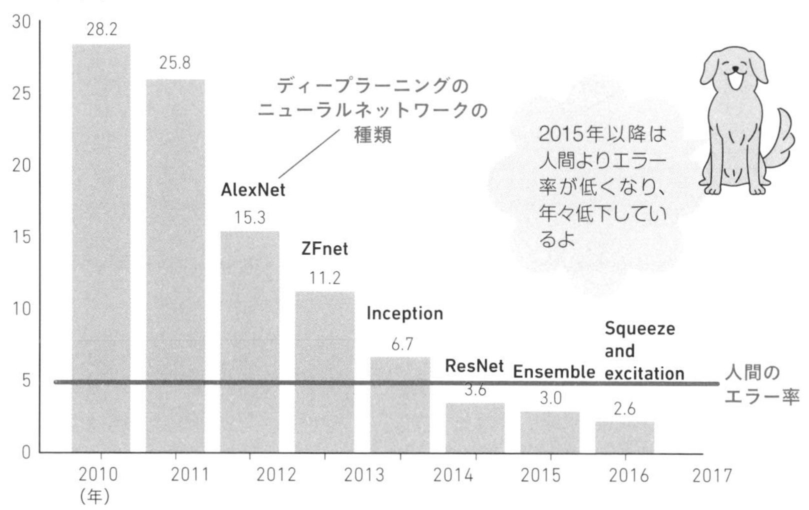

画像認識の仕組みのイメージ

AIによる画像認識の仕組みは、まず認識させる画像をAIに入力し、AIが学習で生成した「クラス識別モデル」によって画像内の物体のカテゴリ（クラス）をひとつ選び出すというものです。そして、出力確率が最大値のクラスが出力されます。

クラス識別モデル

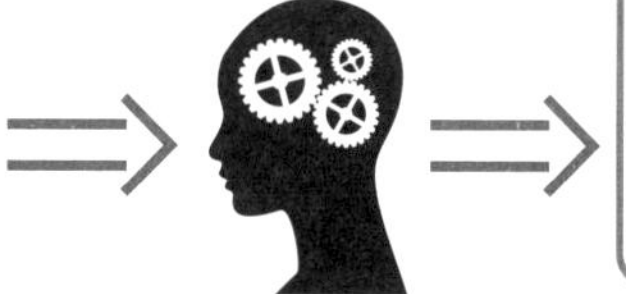

入力した画像を決まったカテゴリ（クラス）に分ける

出力確率
（各クラスの確率）

クラス	確率
人	：0.02
猫	：0.4
犬	：0.94
ウサギ	：0.3
牛	：0.2
椅子	：0.04

最大値のクラスが出力される

顔認証や感情認識も得意分野

“空気の読める”AIの登場も期待される

AIは顔認証も得意分野です。さらに人の顔の表情から感情も読み取ることができます。

AIが社会で広く利用されている事例のひとつに「顔認証」が挙げられます。顔認証は、カメラで撮影した人の顔の画像を使い、個人の識別や本人の認証を行う技術です。

顔認証は、ディープラーニングが登場する前の1970年代から研究が開始され、1988年に現在の基盤となる統計的な手法を用いた顔認証技術が開発されました。2001年に発生した世界同時多発テロにより、顔認証技術の需要が高まり、精度も大きく向上しました。2000年代に入ると、デジタルカメラや携帯電話、入場ゲートなど、さまざまな用途に顔認証技術が採用されるようになりました。デジタルカメラや携帯電話では、撮影画面内の人の顔を識別し、ピントを自動で合わせる機能などに使われています。

AIの顔認証の仕組みのイメージ

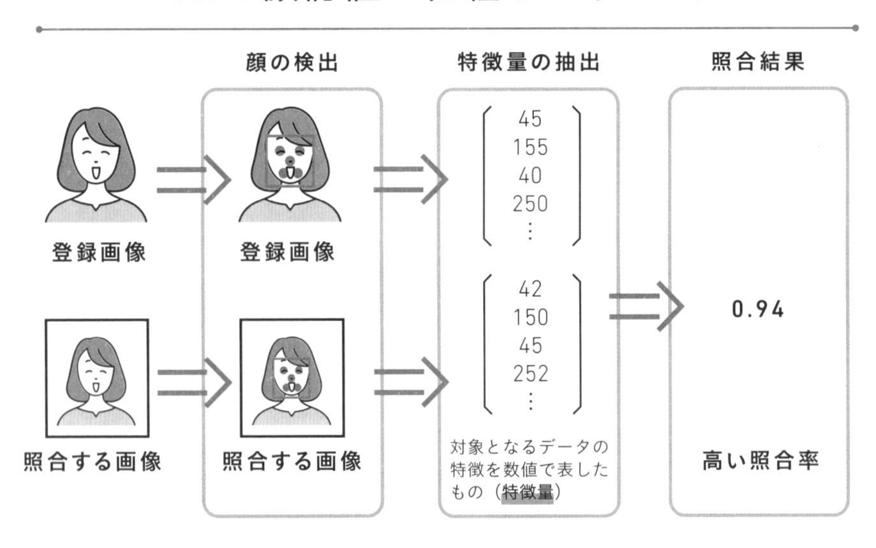

2010年代には、スマートフォンやパソコンのログインに顔認証が利用されるようになりました。ディープラーニングの導入により、顔認証の精度もさらに向上します。2020年のコロナ禍ではマスクを着ける人が増え、マスクの着用により精度が落ちるという問題が出てきました。しかし技術の進歩により、現在ではマスクを着けたままでも問題なく顔認証が行えるようになっています。

顔認証の応用技術として、顔の表情からその人の感情を推測する「感情認識AI」があります。人間は、顔の表情を読み取って感情を推測しますが、AIも同じことができるのです。感情認識AIの精度向上により、喜怒哀楽だけではなく、微妙な心の機微も捉えられるようになっています。また、顔認証から派生した技術として、その人の年齢や性別を推測する技術もあります。

感情認識AIと生成AIを組み合わせることで、人の感情を推測して会話を行う、“空気の読める”AIが実現する日も近いでしょう。

AIの感情認識の仕組みのイメージ

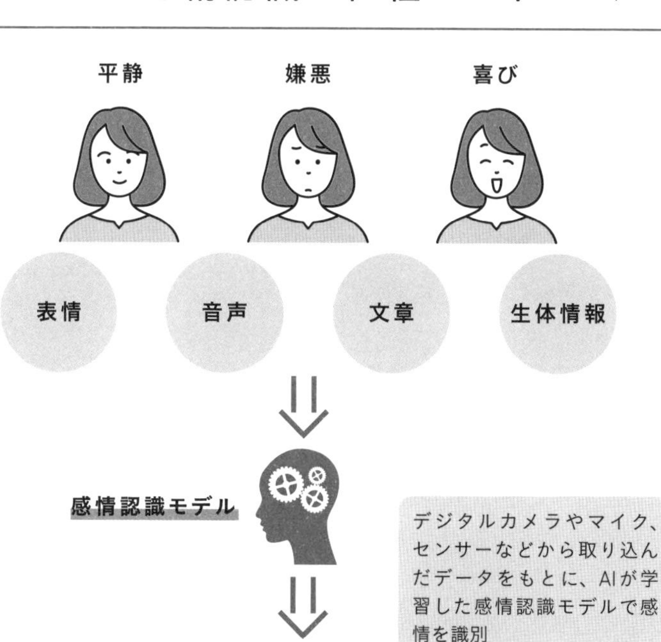

デジタルカメラやマイク、センサーなどから取り込んだデータをもとに、AIが学習した感情認識モデルで感情を識別

CHAPTER >>> 3

高品質な画像を生成し商用利用も可能

AIのなかで特に進歩のペースが速い分野は画像生成です。最近は動画も生成できるようになりました。

AIは画像を認識するだけでなく、つくり出すこともできるんですよね？

はい。画像認識はもちろんですが、画像生成も技術が急速に進歩しています。その代表といえる「**Stable Diffusion**」が公開されたのは2022年8月ですが、それからわずか1年で大きく発展しました。

どんなことができるんですか？

ラフな線画から着色された美しい画像を生成したり、指示を与えて目的に沿った画像に変えたりすることができます。画家のタッチをまねることもできますよ。

そうなんですね。でもそんなにうまく描けるものなんですか？

品質はとても上がっていますよ。**商用利用**が認められているAIもあり、実際に雑誌の表紙に生成画像が使われたこともあります。ただ、**商用利用の際は、学習データの著作権**に注意が必要です。

▶ **Stable Diffusion**
Stability AIが2022年8月に公開した画像生成AI。入力された文字（テキスト）から画像を生成する。パソコンにインストールすることでパソコン上でも利用可能。

▶ **商用利用**
ユーザーがコンテンツや素材などを収益目的で利用すること。たとえば、生成された画像を使ってポスターを制作し、第三者に販売することは商用利用となる。

▶ **学習データの著作権**
画像データをモデル生成に利用する場合は原則、著作物を利用できるが、AIが生成した画像が既存作品と類似性が認められる場合、著作権を侵害しているとみなされる。

画像生成の仕組みのイメージ

画像生成AIに生成する画像の指示（プロンプト）をテキストで与えると、そのテキストを分析して特徴量を抽出し、その特徴量を画像生成モデルに照らし合わせて、新たな画像を生成します。

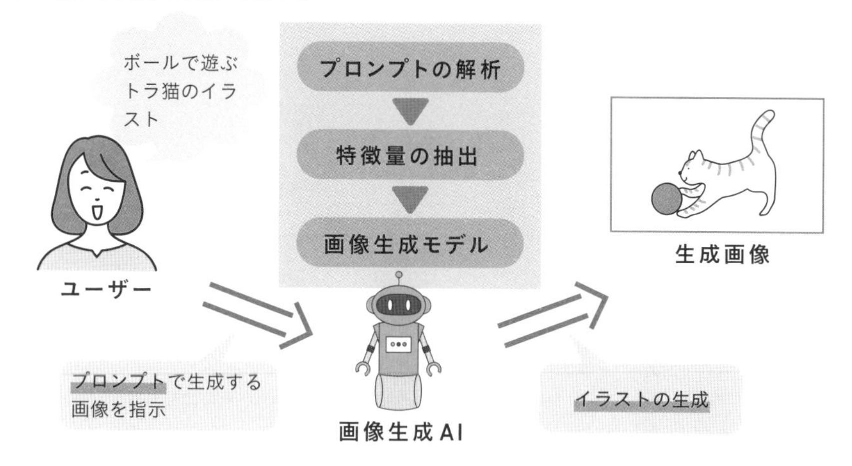

画像生成AI「Japanese Stable Diffusion XL」の作品例

Stable Diffusionの日本版「Japanese Stable Diffusion XL」では、さまざまなタッチのイラストや風景画などを生成できます。日本語入力への対応だけではなく、日本のスタイルに特化した画像を生成できることが特徴です。

出典：Stability AI（https://ja.stability.ai/blog/japanese-stable-diffusion-xl）

CHAPTER >>> 3

AIチャットボットが質問に柔軟に回答

AIを活用したプログラムが人と会話をするチャットボットは、さまざまな場面で利用されています。

感情を認識するって話がありましたけど、AIは人とコミュニケーションもできるようになっているんですか？

そうですね。最近のWebサイトには、チャットで質問に答えるものがありますよね。そうしたものには**チャットボット**という AIが対応する事例が増えています。

たしかに、AIなら24時間365日対応できますし、クレームで嫌な思いをすることもないですよね。

従来はあらかじめ**FAQ**集などを用意し、ルールを教える必要がありましたが、**大規模言語モデル**を使ったチャットボットでは、そうした準備を省力化して自然な対応ができるようになっています。

自然なコミュニケーションって難しそうですが、仕事でも使えるんですか？

はい。仕事のパートナーとしてAIに相談できるシステムも増えています。

▶ **チャットボット**
「チャット（会話）」と「ロボット」を組み合わせた言葉。自動で会話に応対するプログラムや技術のこと。

▶ **FAQ**
Frequently Asked Questionsの略で「よくある質問」の意味。よくある質問と回答を集めたものをFAQ集と呼ぶ。

▶ **大規模言語モデル**
英語ではLarge Language Models（略してLLM）と呼ばれ、大規模なデータを使って学習させた言語モデルのこと。言語モデルとは、人間の言語を、単語の出現確率でモデル化したもの。大規模言語モデルにより、文章生成AIの精度が格段に向上した。

人と会話をするAIチャットボット

チャットボットにテキストや音声で話しかければ、プログラムにより自動的に返答がもらえます。製品のカスタマーサポート、組織内のITサポート、知識やノウハウの共有などに活用されています。

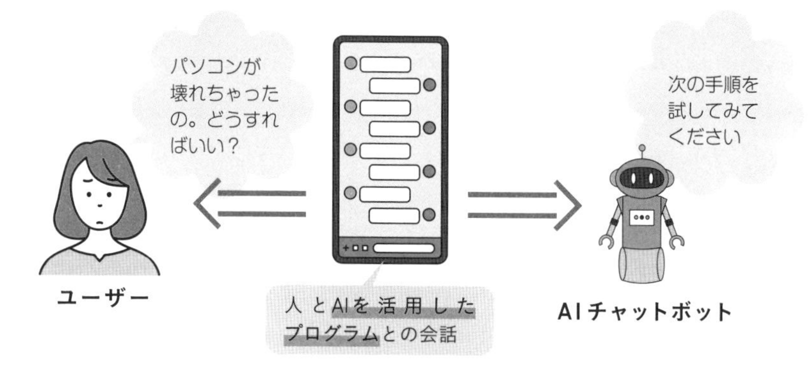

チャットボットの種類の例

チャットボットには「シナリオ型」と「AI型」があります。「シナリオ型」はあらかじめ設定したシナリオに沿って回答を行い、「AI型」はAIが過去の会話のデータなどから学習し、そこから回答を返す仕組みです。

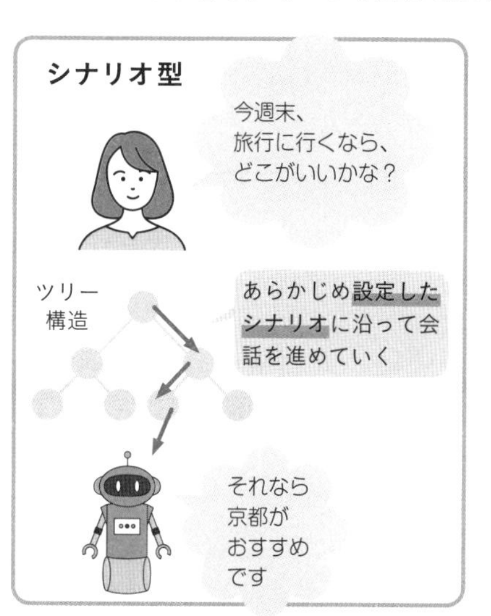

CHAPTER >>> 3

要約や論文作成など自然な文章を作成する

文章生成AIでは事務的な文章だけではなく、長文のマニュアルなども作成できるようになっています。

コミュニケーションっていえば会話だけでなく、文章もありますよね？

はい。ChatGPTで生成AIが注目されるようになりましたが、文章生成AIの代表がGPTシリーズです。

GPTは**OpenAI**が開発した大規模言語モデルのことですよね。

よく覚えていましたね！ GPTは大量のテキストデータで学習して精度を高めた**自然言語処理**のモデルのことです。現在では**GPT-4**まで登場していますが、ChatGPTはリリース当初、GPT-3.5をベースにしていました。

ChatGPTでどんなことができるんですか？

対話形式で、文章要約はもちろん、メール文の作成、市場調査、長文のマニュアルの作成などもできます。上手に活用すれば、仕事の生産性を上げてくれるでしょう。

▶ **OpenAI**
AI技術の研究開発を行う米国の非営利団体。「ChatGPT」をリリースして有名になった。Microsoftが巨額出資を行い、パートナーシップを結んでいる。

▶ **自然言語処理**
人間が日常的に話したり書いたりする言語をコンピューターに処理させる技術。一方、コンピューターに指令を出す言語を「人工言語」という。

▶ **GPT-4**
2023年3月にリリースされたGPTのバージョン4。3.5からの改良点として、精度の向上、速度の向上、複数指示への対応、画像入力や音声入力への対応などが挙げられる。

文章生成AIに指示するプロンプトの例

文章生成AIでは、テキストで適切に指示（プロンプト）を与えることで、生成の精度を高めることができます。指示の基本として、まず文章を生成する立場を明確にし、目的や前提などを示してから、具体的な注意点や出力方法などを挙げます。

記事構成案の作成を依頼する場合

❶立場を伝える

あなたは旅行者向けメディアの編集者です。台湾に旅行する人へ向けてガイド記事を作成しようとしています

❷目的や前提を示す

まず、#URLを読み込み、#ターゲットを顧慮しながら、台湾への旅行者が参考になる記事の構成案を作成してください
#URL
(https://www. ～)
#ターゲット
台湾の知識があまりない台湾への旅行者

❸注意点や出力方法を示す

記事作成では#注意点を守ってください
#注意点
章ごとにまとめて3,000字以内にまとめてください
ほかのWebサイトの文章をそのまま掲載しないでください

文章生成AIでできる主なこと

文章生成AIはアイデア次第で、さまざまな用途に使うことができます。Web記事の作成やニュース記事の要約はもちろん、マニュアルの作成やプログラムコードの作成、さらには文章生成AIを相手に議論をすることも可能です。

ビジネスでの文章作成
- 議事録の作成
- マニュアルの作成
- 企画書の作成
- プレゼン資料の作成

ほかのアプリとの連携
- メール文の作成
- SNSへの投稿
- プログラムコードの作成
- 取材の文字起こし

マーケティングへの活用
- Web記事の作成
- ニュース記事の要約
- 広告文の作成
- 商品・サービス紹介の作成

研究などへの活用
- 論文の作成
- 翻訳文の作成
- 文章の校正・校閲
- 1人議論

音声からの文字起こし

認識精度が向上し 話者の識別も可能

音声からの文字起こしは大変な作業ですが、AIに任せれば省力化できます。

ここ数年で拡大したAIの用途のひとつとして「文字起こし」が挙げられます。文字起こしとは、講演などを録音した音声データの内容をテキスト（文字）データ化することです。これには、音声認識の技術が用いられています。

音声認識の研究は1950年代に開始され、1990年代には音声入力ソフトも発売されました。ただし、当時の音声入力ソフトは精度がそれほど高くなく、静かな場所で録音さ

音声認識の仕組みのイメージ

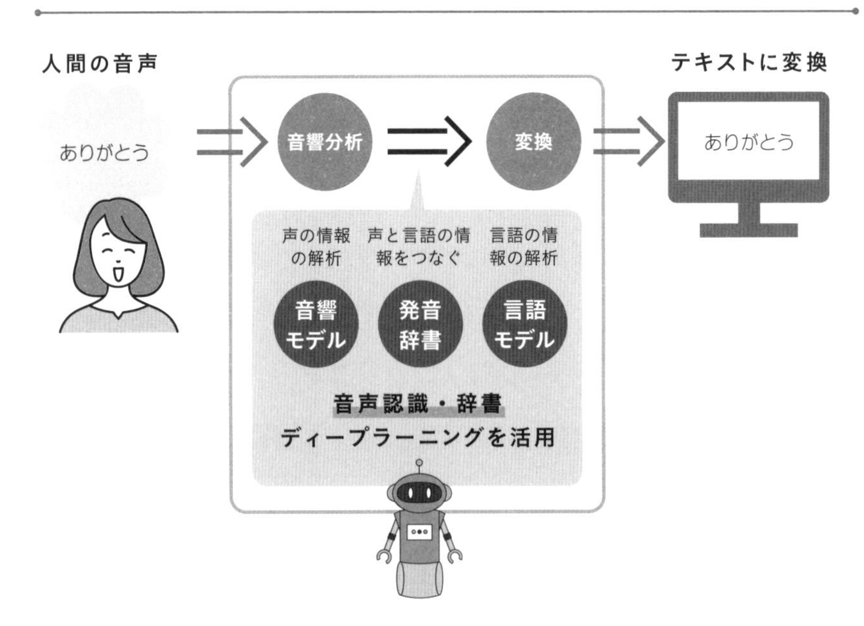

出典：Cotra（トランスコスモス株式会社）「【活用事例あり】音声認識とは？ 仕組み、4つの導入効果を徹底解説」（2023.08.28更新）を参考に作成

れたものしか利用できなかったり、ユーザーが最初に例文を読み上げてトレーニングをする必要があったりするなど、あまり普及しませんでした。

音声認識の技術は2010年代に登場したディープラーニングにより、多くの音声データで学習できるようになり、精度が大きく向上しました。これにより、音声から文字起こしをするソフトウェアやサービスなども登場し、広く使われるようになっています。YouTubeにも動画から文字の字幕を自動で生成する「自動字幕起こし機能」が搭載されていますし、音声対話ができるスマートスピーカーもヒットしています。さらに、複数の話者の音声を識別し、「誰の発言か」を明示して文字起こしができるサービスも登場しました。議事録作成などにとても便利です。また、音声のトーンや抑揚などから話者の感情を推測するAIも登場しています。

音声認識の技術はさまざまな場面で利用されています。今後は話者の感情を読み取り、返答をしてくれるスマートスピーカーなどの登場も期待されます。

AIによる話者の識別のイメージ

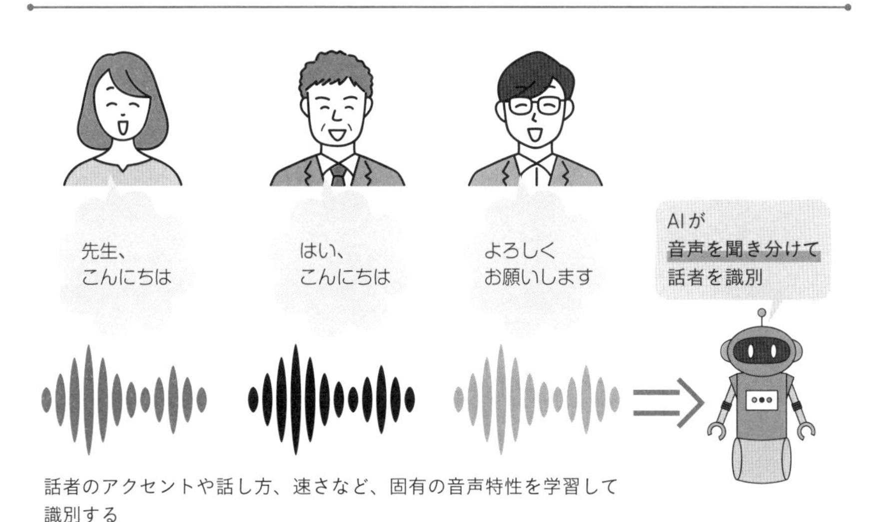

話者のアクセントや話し方、速さなど、固有の音声特性を学習して識別する

迷惑メールの判別

受信メールの単語から迷惑メールの確率を計算

多くのメールソフトに搭載されている迷惑メールフィルタリング機能も、AIを利用したものです。

最近、迷惑メールが異様に多くないですか？　大事なメールを見逃すことがあって困っているんですよね……。

メールソフトの**迷惑メールフィルタリング**機能を使えばいいんじゃない？　迷惑メールを自動で振り分けられるよ。

ちょうどいい話題が出ましたね。実は迷惑メールのフィルタリング（判別）にもAIの機械学習が使われているものがあるんです。たとえば、「**ベイジアンフィルタ**」と呼ばれるアルゴリズムが使われているものがあり、第3次AIブームの前から利用されていますよ。

そうなんですか。そんな身近なところにもAIが活用されていたんですね。

はい。ディープラーニングのように、学習に多くの演算が必要なAIとは違いますが、ベイジアンフィルタも学習を繰り返すことで迷惑メールの判別精度を高めることができます。

▶ **迷惑メールフィルタリング**
迷惑メールの可能性があるメールを受信したとき、自動でメールを判別し、迷惑メールフォルダーなどへ移動させる。

▶ **ベイジアンフィルタ**
ベイズ統計におけるベイズ理論を応用したアルゴリズム。過去の受信メールからメールの特徴を抽出し、新たに受信したメールを単語に分割して、該当する単語を含む確率で判別する。

ベイジアンフィルタによる迷惑メールの判別

ベイジアンフィルタによる迷惑メールの判別には、機械学習の手法が使われています。過去に受信したメールから迷惑メールの特徴を抽出し、新しく受信したメールを単語レベルに分解して、迷惑メールである確率を計算します。

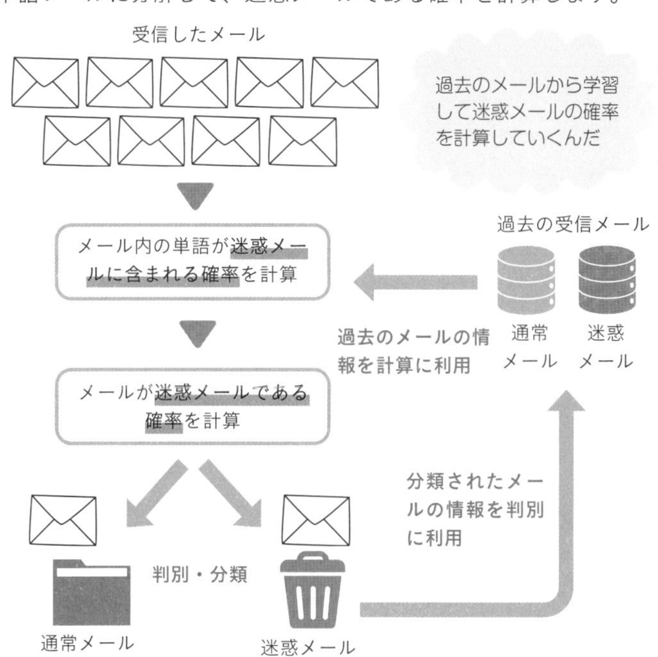

出典：総務省統計局「なるほど統計学園 迷惑メールの判別」をもとに作成

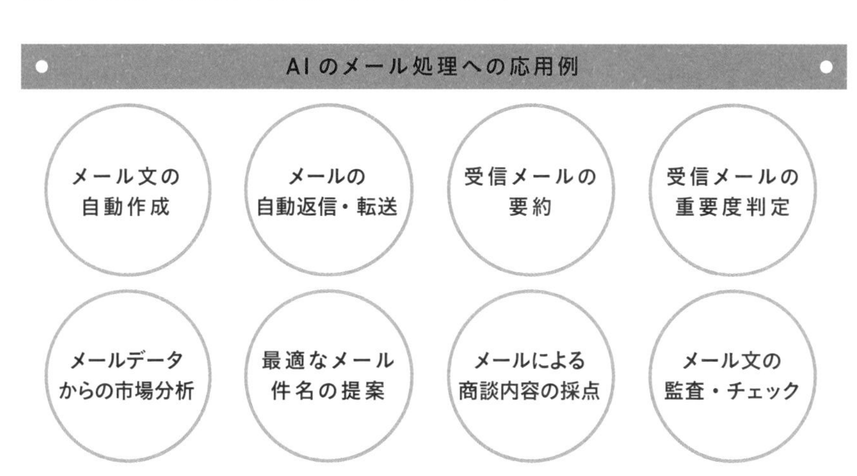

CHAPTER >>> 3

音楽生成

和音や旋律の学習で感情に合った曲を作成

作曲はいくつかのルールに従って行われることが多く、AIにも向いた分野といえます。

旅行で撮った写真でスライドショー動画をつくりたいんですけど、ちょうどいい**著作権フリー**のBGMが見つからないんですよね……。

最近はAIを使って作曲してくれる**サービス**がたくさんありますよ。曲のジャンルや雰囲気、長さなどを指定するだけでぴったりの曲をつくってくれるんです。

それは便利そうですね！　でも、AIはクリエイティブな仕事は苦手と聞いていたので、AIが作曲って意外な気もするんですが……。

楽曲はさまざまなルールに則ってつくられているので、そういったルールをAIに学習させているんです。最近では、AIがつくった曲を人間のラッパーが歌ってメジャーリリースされた例もあります。

AIは歌詞をつくることもできるし、そのうちAIが作詞・作曲してAIが歌う「AIシンガーソングライター」なども登場しそうですね。

▶ **著作権フリー**
著作権者が定める範囲内で、利用者が許諾を得ずに、自分の作品などに使うことができるコンテンツや素材。

▶ **サービス**
Googleの「MusicLM」やOpenAIの「Jukebox」、Amper Music社の「Amper Music」など、多数のサービスがある。

AIによる作曲の流れのイメージ

音楽生成AIでは、まずスケール（音階）を決定し、大量の曲の譜面からコード（和音）とメロディ（旋律）を学習させます。そして人間が曲調やジャンル、サウンドなどを指定することで、AIは学習データをもとに作曲を行うようになります。

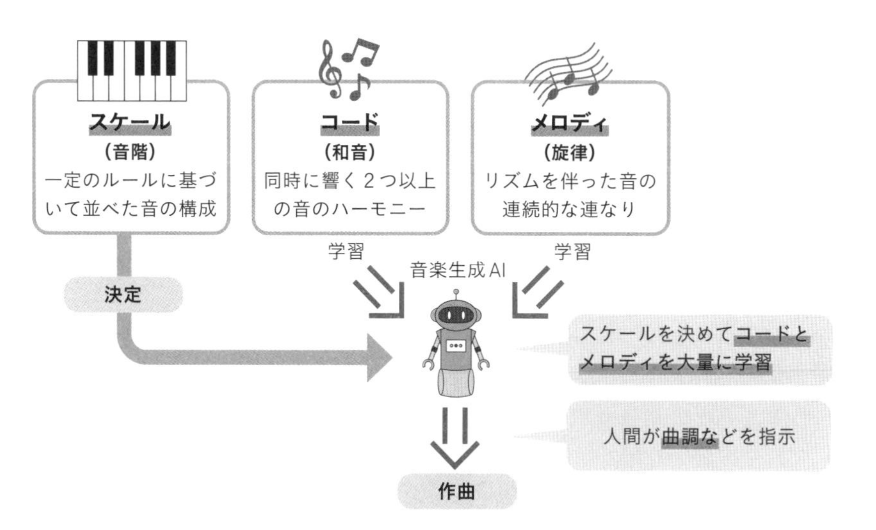

音楽の分析による作曲

別の音楽生成の手法として、既存の楽曲や楽譜を分析することで、新しい楽曲を生成することもできます。これは、既存の楽曲の譜面起こしや音源分離などを行って音楽を学習することで可能になります。

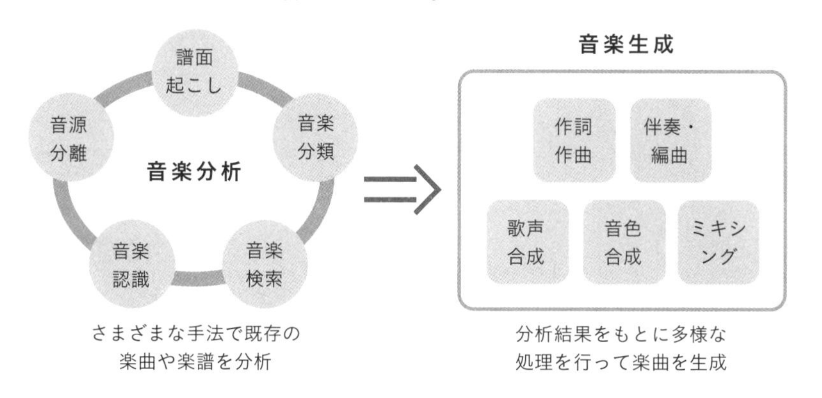

CHAPTER >>> 3

過去から未来の予測や要因の特定が可能

AIを使うと、過去のデータから未来を予測したり、問題を引き起こす要因を探したりできます。

第2章でデータ分析のお話が出ましたが、具体的にはどんなものがあるんですか？

代表的なものには、過去のデータから未来を予測する「未来予測」と、多くの要素からその結果に結びつく要因を見つけ出す「**要因分析**」があります。

「過去→未来」と「結果→要因」と、ベクトルが逆のものってことですか？

そういう理解でよいと思います。未来予測は小売店での売上予測はもちろん、天気予報の**気象予測**にも活用されています。また株価を予測し、自動で取引を行うAIなども出てきていますよ。

未来予測はだいたいわかりますが、要因分析の「要因を見つけ出す」って……？

要因分析は、たとえば問題解決のために、その問題を発生させている原因を特定する目的などで使われます。工場での製品の品質管理などが主な例です。

▶ **要因分析**
データ分析により、何らかの結果をもたらしている要因を見つけ出す手法。製造業などで用いられる。

▶ **気象予測**
各地の気象観測データと、物理学の法則などをもとにした数値予報モデルにより、将来の天候の状態を予測する手法。

小売店などで用いられる売上予測

AIによる売上予測では、まず売上に関連するさまざまなデータを集め、過去の売上の傾向や外部情報などを学習します。そうして生成されたモデルから、未来の商品別や店舗別などの売上を予測します。

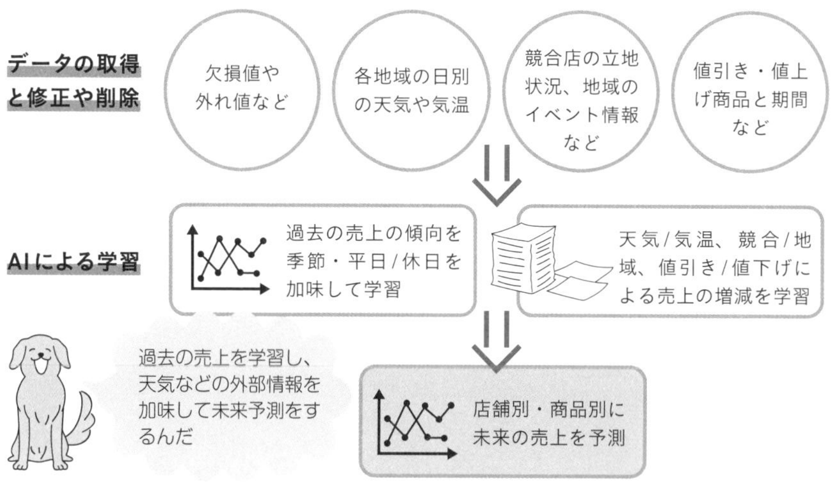

出典：株式会社DAP「売上予測モデルの概要」を参考に作成

工場における不良発生の要因分析

工場における不良発生の要因を特定するためには、まず各機械から大量の製造データを収集し、そのデータをもとに不良発生の特徴を学習して、その要因を絞り込みます。

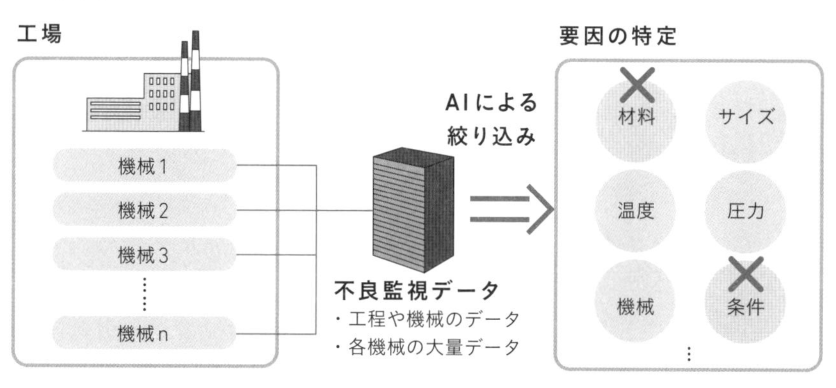

複数の情報で判断するマルチモーダルAI

人間は複数の情報をもとに判断を行いますが、AIも同様のことができるようになってきています。

人間は、五感の刺激や知識、経験など、さまざまな情報を組み合わせて判断していますが、AIも人間と同様、複数の情報から判断できるものが登場しています。

AIも視覚や聴覚を使って判断するということですか？

そんなイメージです。専門的にはそうしたAIを「**マルチモーダルAI**」と呼びます。たとえば、監視カメラの映像と音声の両方の情報を利用し、環境を認識する防犯システムなどがあります。

監視カメラなら映像だけでもよさそうに思いますけど？

たとえば、ロビーに人が集まっていて、映像では特に問題がみられなくても、実は大声で怒鳴り合っているということがあります。音声も利用することで、何かトラブルが生じているなと判断できるわけです。最新の**GPT-4V**では、複数のデータを組み合わせて入力できますよ。

▶ **マルチモーダルAI**
複数の種類の情報をまとめて扱うAIのこと。「モーダル」とは情報の種類を表す。従来のAIは、映像なら映像というように1種類の情報しか扱えなかったが、マルチモーダルAIでは映像と音声など、複数の情報に利用して判断・生成ができる。

▶ **GPT-4V**
Open AIが2023年 9月に発表したマルチモーダルAI。GPT-4では文字入力のみであったが、GPT-4Vではそれ以外に映像や音声、動画などの入力にも対応し、より複雑な作業ができるようになった。

シングルモーダルAIとマルチモーダルAIの違い

マルチモーダルAIでは、複数の種類の情報により命令を与えることで、幅広い判断や予測などが行えます。AIも人間のように、複数の情報から総合的に物事を判断できるようになってきています。

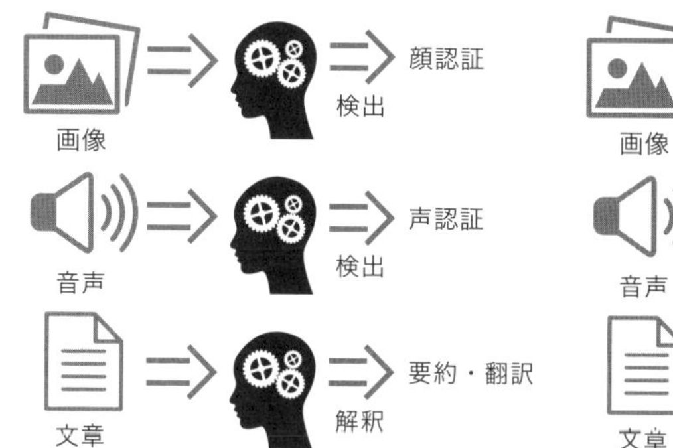

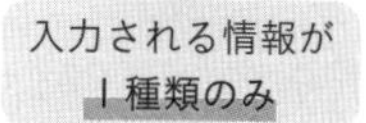

マルチモーダルAIの活用例

自動車産業

カメラで見た道路の様子やセンサーで感知した周囲の状況を捉え、適切な運転判断ができる

医療

画像データや診断結果を組み合わせ、病気の早期発見や治療計画をサポート

金融業

時系列データや取引データなどを組み合わせ、市場の予測やリスク管理を行う

製造業

センサーや音声、画像などを組み合わせ、異常を検知して機械のメンテナンスを行う

小売業

顧客の購買履歴やフィードバック、画像を組み合わせ、商品レコメンドやカスタマーサービスを向上

複数の情報の相互作用などで、応用分野はたくさんあるよ

CHAPTER >>> 3

熟練の技術者の知見をAIが習得する

AIは熟練した技術者や職人などの知見や経験を学び、彼らと同等以上の仕事を行うこともできます。

製造業などの現場では、多くの熟練した技術者が働いています。製造ラインのトラブルを防ぎ、製造効率を高めるには、そうした技術者の知見や経験が必要です。最近はAIに彼らの知見や経験を学習させることができるようになりました。

AIで、いわゆる**属人化**の問題を解決できるんですね？

はい、技術者が定年などでいなくなっても、AIがあれば製造効率が低下する心配が減るわけです。

それならAIは、日本の少子高齢化問題の対策としても使えそうですね。

そうですね。熟練した人間の能力を超えるAIも増えています。実際、**石油化学プラント**のある機械の運転をAIに任せたところ、人間が操作するより目標値のばらつきを抑えた、経済的で効率のよい運転を実現できました。

▶ **属人化**
業務の手順や進捗などが個人に依存し、周囲に共有がされていない状態。

▶ **石油化学プラント**
石油や天然ガスなどを原料として、プラスチックや繊維などのさまざまな化学製品をつくり出す工場施設。

AIによる技術者の知見の学習

工場における機械などの品質監視データ、現場技術者の知見、過去の品質低下の原因などをAIに学習させることで、不良原因を迅速に解析でき、原因の分析や特定などの作業が大幅に短縮できるようになります。

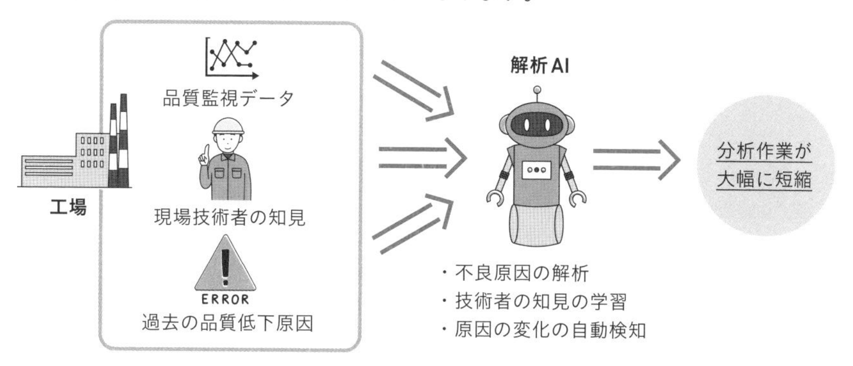

プラント運転を支援するAIの実証例

化学プラントなどの運転を支援するAIと、運転支援システムの構築で、運転員の手動操作より効率的な運転ができることが実証されています。これにより、時間短縮はもちろん、原料やエネルギーの削減も期待できます。

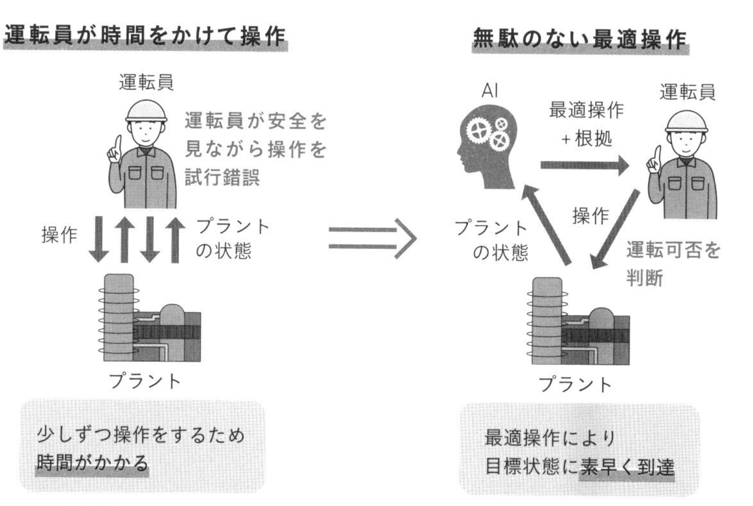

出典：国立研究開発法人 産業技術総合研究所「AIにより化学プラントの運転変更操作を40%効率化」（2020/11/16）をもとに作成

AIが苦手なこと

学習できないことは不得意

何でもできそうに思えるAIですが、実はまだ苦手なことがたくさんあります。

ディープラーニングの登場により、AIは急速に発展しました。画像認識の精度をはじめ、特定のタスクでは人間の能力を上回るようになっています。また、ここ数年の生成AIの発展には目をみはるものがあります。人間のように受け答えをするChatGPT、美しい画像を生み出すStable Diffusionなどが続々と登場したことで、「AIなら何でもできる」と思っている人もいるかもしれません。しかし実際、AIにも苦手なことや人間に及ばないことは、まだまだあります。現状のAIが苦手なこととして、次の5つが挙げられます。

- **創造性が求められる仕事**
- **人間の気持ちを察すること**
- **合理的でない判断をすること**
- **少ないデータで推論をすること**
- **ひらめきや直感が必要な分野**

AIは基本的に、これまでに蓄積されたデータで学習しているので、過去に存在しなかったものを創造することは苦手です。またAIは、顔の画像から感情を推測できますが、心を理解しているわけではないので、人間の気持ちを察することは難題です。AIはデータに基づいて合理的な判断を下すことは得意ですが、人間は時に合理的でない判断をし、それが結果的に功を奏すこともあります。

ディープラーニングでは、AIに数多くのデータを学習させることで推論の精度が高まりますが、データが少ないと精度が落ち、誤った結果を返すことが多くなります。さらにAIには、人間がもつひらめきや直感のような、データから統計的に判断するのではない非論理的ともいえる発想はできないのです。

エン・ジャパンが181人のコンサルタントに行ったアンケート調査では、AIに代替される職種として、経理や事務など、ルーティン業務が比較的多い職種が上位にあります。

一方、代替されない職種としては、経営や企画、営業などが上位で、方針を示したり提案したりする職種がAIで実現しにくいと考えられているようです。

AIに代替される職種・代替されない職種

AIに代替されてなくなると予想される職種（上位20位まで）

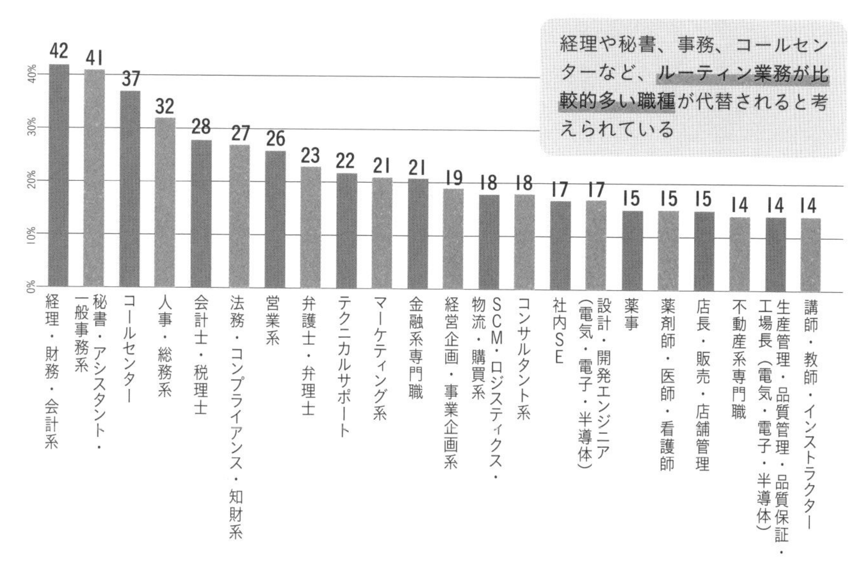

AIに代替されないであろう職種（上位20位まで）

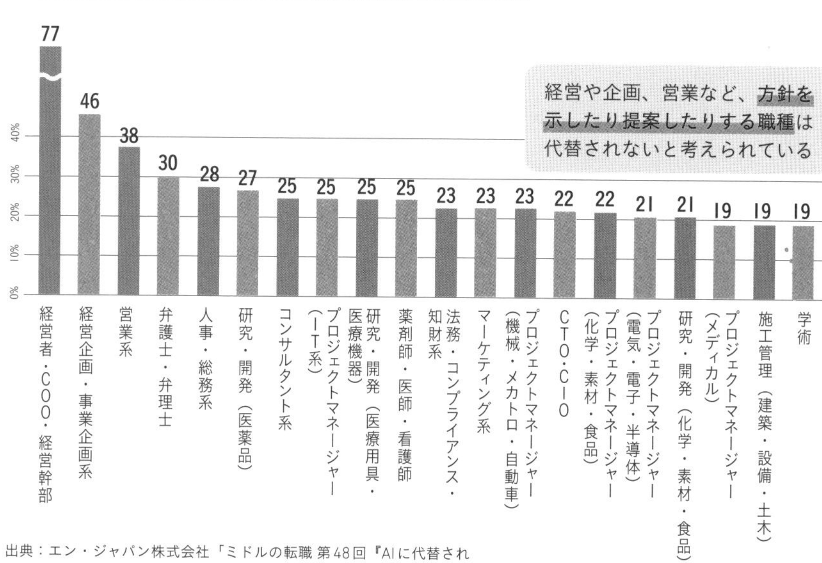

出典：エン・ジャパン株式会社「ミドルの転職 第48回『AIに代替される仕事／されない仕事』について（2017年版）」をもとに作成

CHAPTER >>> 3

人間の動きの再現

ダンスの振り付けを行うAIもある

AIは、人間のダンスや踊りの動きを学習し、新たな振り付けをつくり出すこともできます。

週末に観たダンスの公演が、とても素晴らしかったんですが、AIに人間の動きを再現させることはできるんですか？

ダンスの振り付けを作成することと、実際にロボットにダンスをさせることは別ものなんですが、ダンスの振り付けを学習し、**曲に合わせて新しい振り付けを作成するAI**が登場していますよ。

AIが踊ることもできるんですか？（笑）

人間のダンサーとAIロボットの共演も行われています。動きが**可視化**され、ダンスを覚えたい人にもAIは役に立ちます。

狂言などの伝統芸能では、後継者が足りないという話も聞きますが、そうした**無形文化の継承**にも役に立ちそうですね。

そのとおりです。実際、山口県に伝わる独自の狂言「**鷺流狂言**（さぎりゅうきょうげん）」の演者の所作を、AI技術で可視化し、伝承や普及に役立てる試みが行われています。

ポイントは人の動きの可視化なんだ

▶ **可視化**
人間が直接見ることのできない現象や事象、関係性などを見えるようにすること。

▶ **鷺流狂言**
長州藩抱えの狂言の流れを汲む。明治19（1886）年、春日庄作が野田神社の神事能に招かれ狂言を演じ、それを縁に山口に伝えられた。山口県指定の無形文化財。

ダンスを生成するAI「AI Choreographer」の仕組み

「AI Choreographer」は、大量のダンス動画や体の動きを学習し、ダンスの振り付けを生成します。鷺流狂言の体験ゲームでは、AIが学習を重ねることで、お手本との動きのズレなどを補正し、動きの一致率の精度を向上させています。

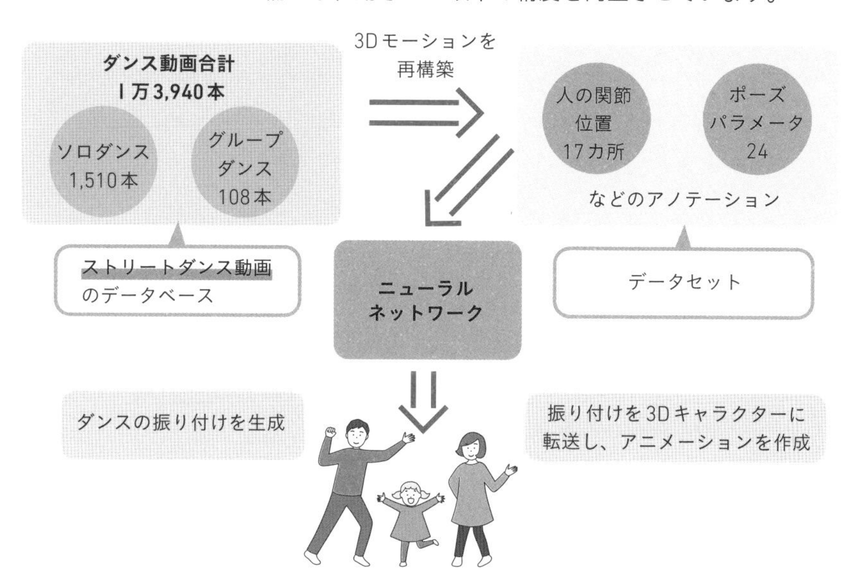

「鷺流狂言」の所作をAI技術で可視化

画像：山口県Webサイトより

AI技術を活用した「鷺流狂言」の体験ゲーム。演目『柿山伏』をアニメーションで観ながら所作を体験できる

CHAPTER >>> 3

開発基盤を使ってAI開発が行える

AIプラットフォームを利用すれば、AIの専門知識がなくても目的の用途に合ったAIを開発できます。

知人から「AIエンジニアがいなくて困っている」という話を聞いたんですが、AI開発って簡単にはできないんですよね？

ゼロから開発するには専門知識が必要ですが、AIプラットフォームを使えば、専門知識がなくてもAIを開発できますよ。

AIプラットフォームって初耳です。

AIプラットフォームとは、学習済みのAIモデルなど、AI開発に必要な要素が用意された**開発基盤**です。AIプラットフォームを使えば、AI開発の環境をゼロから揃える必要がなくなります。

でも、プログラミングの知識がないと使えないんですよね？

最近はプログラムを組まなくても、**GUI**ベースで開発できるAIプラットフォームも登場しています。もちろん、専門知識やプログラミング知識がない状態での開発は、できることに限界があります。

▶ **開発基盤**
システムやアプリなどを開発するための土台となるもの。AI開発では、必要な機能をまとめたAIフレームワークなどを整備する必要がある。

▶ **GUI**
Graphical User Interfaceの略。アイコンやボタンなどのグラフィックと、マウスやタッチパネルなどのポインティングデバイスを使い、視覚的に指示や命令を出すことができる仕組み。

AIプラットフォームの構成要素

AIプラットフォームには、「チャット型」や「生成型」など、利用するAIの種類と、AI開発のためのシステムや管理などの機能、プラットフォームを利用するためのユーザーインタフェース、さらにはAI学習のためのデータやシナリオなどを備えています。目的に応じて要素を選ぶことで、さまざまな用途に対応できるAIシステムを手軽に構築できます。

AIエンジン・サービス

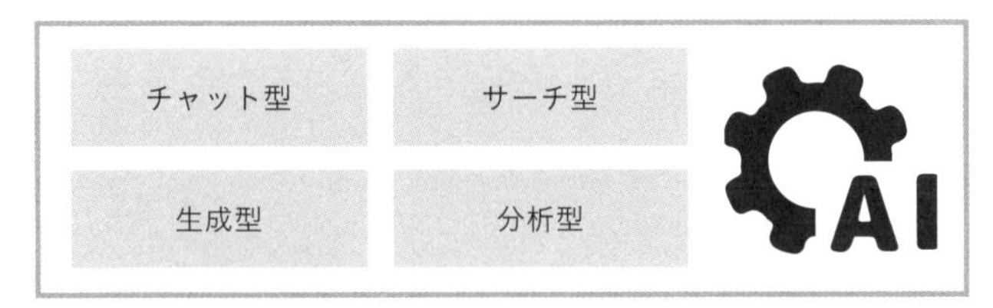

システム機能	管理機能	オプション機能
各種アプリ・ツール	データ閲覧・取得・分析	ビデオ通話
他システム連携インタフェース	データ登録・学習	多言語対応
		⋮

ユーザーインタフェース　**ユーザー側機能**　**AIデータ・シナリオ**

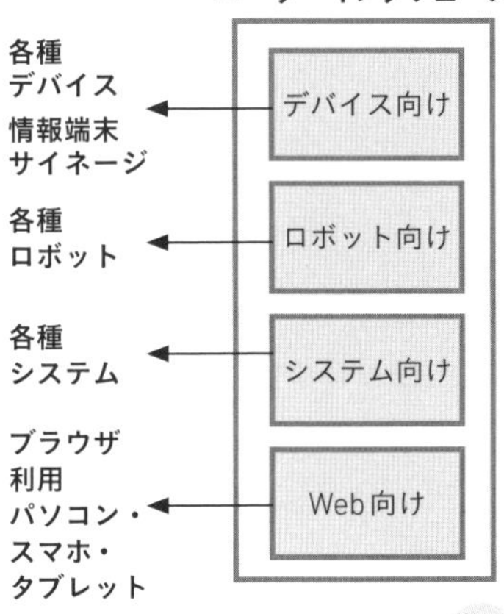

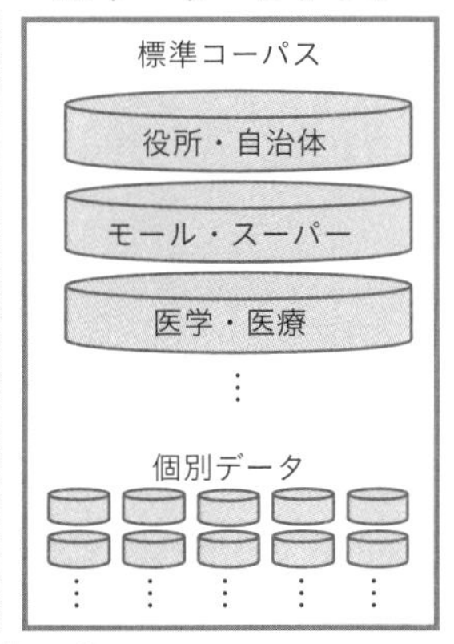

AIプラットフォームは目的に合わせ、柔軟なAI開発ができるよう、さまざまな機能が用意されています

出典：タケロボ株式会社「オリジナルAIシステムが簡単に構築可能！ AIプラットフォーム」を参考に作成

COLUMN

Q 画像認識以外にもAIが人間を超えた例はありますか?

AIはポーカーや麻雀、ドローンレースなどでも人間のトップを超えています。

AIはさまざまな分野で人間の能力を超えています。画像認識では、2015年2月に人間を上回る認識率を達成しました。2016年3月には、囲碁AI「Alpha Go」が囲碁のトッププロを破りました。将棋についても、2017年5月に将棋AI「Ponanza」が将棋界の最高峰である佐藤天彦名人に勝利しました。

囲碁や将棋は、完全情報ゲームと呼ばれ、相手の情報がすべて見えているため、AIの学習がしやすいゲームですが、最近は麻雀やポーカーのような相手の情報が見えていない部分がある不完全情報ゲームでも、人間を上回るようになっています。2019年7月、ポーカーのなかでも、最も上級者向けとされる「ノーリミットテキサスホールデム」の複数人対戦で、ポーカーAI「Pluribus」が、トッププレイヤーに圧勝しました。

2023年8月には、AIには難しいとされていたドローンレースにおいて、自動操縦AI「Swift」がドローンレースの世界チャンピオン3人とレースを行い、勝利を収めました。ボードゲームやコンピューターゲームだけでなく、物理的なスポーツでもAIが人間を上回るようになったのです。

第4章

AI活用のために覚えておきたい知識

AIを機能させるには学習が必須です。
少し難しい考え方も登場しますが
学習方法の基本を覚えておきましょう。

この章でわかること

AIが機能する学習の仕組みを覚えよう

AIはさまざまな仕組みで学習を行い、分類や予測の精度を高めています

学習の仕組みの基本

P.110
すべての基本
ニューラルネットワーク

P.112
深い階層の
ディープラーニング

P.122
学習と推論
のモデル

P.114
正解データがある
教師あり学習

P.116
ルールを見つける
教師なし学習

P.118
報酬で育つ
強化学習

さまざまに工夫された学習モデル

P.124

競い合って成長する

GAN

P.126

ノイズから元に戻す

拡散モデル

P.128

並行処理の

トランスフォーマー

P.130

大規模言語モデル

効率的に学習をするための仕組みが考案されているよ

CHAPTER >>> 4

人間の脳の神経細胞を模したネットワーク

現在のAIの多くは、ニューラルネットワークをベースにして開発されています。

ここからは少し掘り下げて、AIの仕組みを学んでいきましょう。まずはニューラルネットワーク（NN）についてです。

人間の脳の神経細胞（**ニューロン**）のつながりを参考にしているんですよね。でも、AIで人間の脳を再現できるんですか？

いきなり脳を再現することは難しいので、まずは神経細胞の働きに着目したんです。その働きとは、情報が入力されると、その情報に**重み**が掛けられて足し合わされ、**さまざまな処理**がされて、結果が出力されるというものです。

ニューロンに情報が入力され、処理されて結果が出力されるということですか？

はい。そのニューロンを複数つなげたものがニューラルネットワークです。基本は入力層、中間層（隠れ層）、出力層の3層で構成され、入力層で情報を受け取り、中間層で情報が処理され、出力層から処理結果が出力されることになります。

▶ **ニューロン**
生物の脳を構成する神経細胞のこと。情報を受け取り、別のニューロンへ送り渡す役割を果たす。脳内には1,000億個のニューロンがあるといわれ、ニューロン同士がつながり合い、ネットワークを築いている。

▶ **重み**
ニューラルネットワークにおける入力値の重要性を数値で表したもの。入力値に重みを掛けた値を足し合わせることで、出力が決まる。学習を重ねることで、重みが調整され、精度が高まる。

▶ **さまざまな処理**
入力値のみではなく、「バイアス」と呼ばれる定数を加えたり、「活性化関数」により変換したりして入力値が調整され、次のニューロンへと伝達される。

脳の神経細胞とニューラルネットワークの関係

ニューラルネットワークは、人間の脳の神経細胞（ニューロン）のつながりを模したモデルです。ニューロンの働きを人工的に再現し、入力層で情報を受け取り、中間層（隠れ層）で処理され、出力層で出力するという構造になっています。

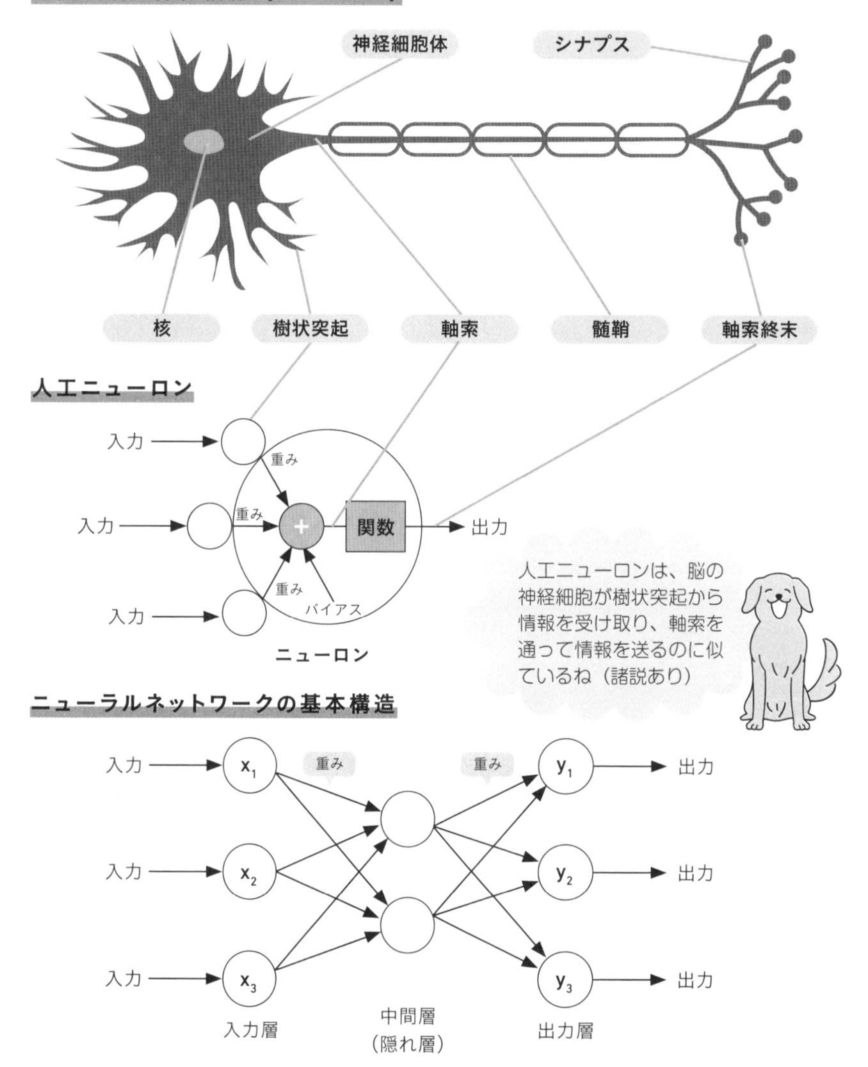

CHAPTER >>> 4

中間層が多い（深い）ニューラルネットワーク

ニューラルネットワークの中間層を多層化することで、より効果的な学習ができるようになりました。

ニューラルネットワークのイメージはつかめましたが、それはディープラーニングとどう違うんですか？　同じようなものとばかり思っていましたが……。

ディープラーニングはニューラルネットワークを使った学習の手法を指すものですが、**中間層が深い「ディープニューラルネットワーク（DNN）」**を用いることが多いのが特徴です。中間層が2層以上であればDNNと呼びます。

「中間層が深い」というと、何層くらいあるんですか？

DNNにもさまざまなものがあり、なかには**中間層が100層を超えるもの**もあります。中間層を増やすアイデアは以前からありましたが、中間層が増えると学習がうまくいかないという課題がありました。しかし、**特徴をきちんと学習できるオートエンコーダ**というアルゴリズムが登場したことで、ディープラーニングの可能性が広がったのです。

▶ **ディープニューラルネットワーク（DNN）**
ニューラルネットワークの中間層を2層以上に多層化・深層化させたネットワーク。ディープラーニングの学習に用いられることが多い。

▶ **オートエンコーダ**
ニューラルネットワークにより、入力データをエンコード（符号化）して圧縮したあと、元のデータを再現できるようにデコード（復号）して出力するアルゴリズム。「自己符号化器」ともいう。元のデータを再現できるということは、データの特徴を学習できたということであり、中間層が多くなった場合でも特定の学習データに最適化されることなく、汎用性を保てる。

NNとDNNの違い

ニューラルネットワーク（NN）の中間層（隠れ層）を多層化したものがディープニューラルネットワーク（DNN）です。中間層が多いことで、分析の柔軟性や結果の表現力が向上しますが、学習に時間がかかるといった課題もあります。

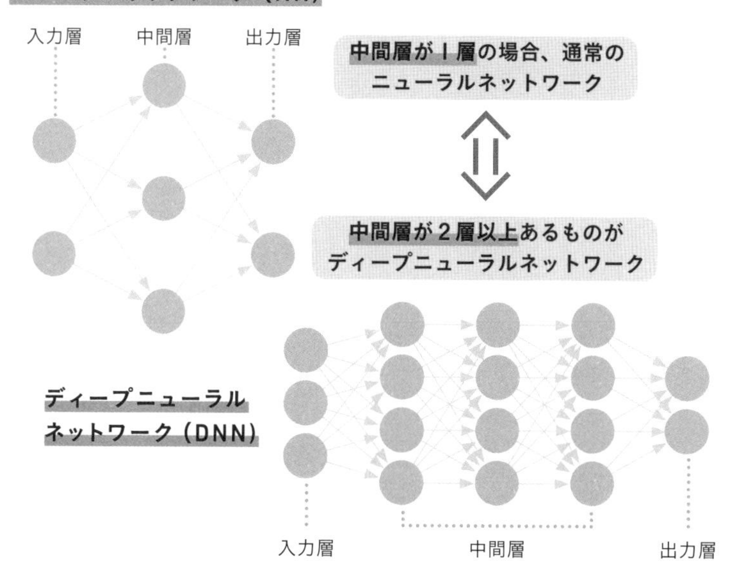

オートエンコーダのイメージ

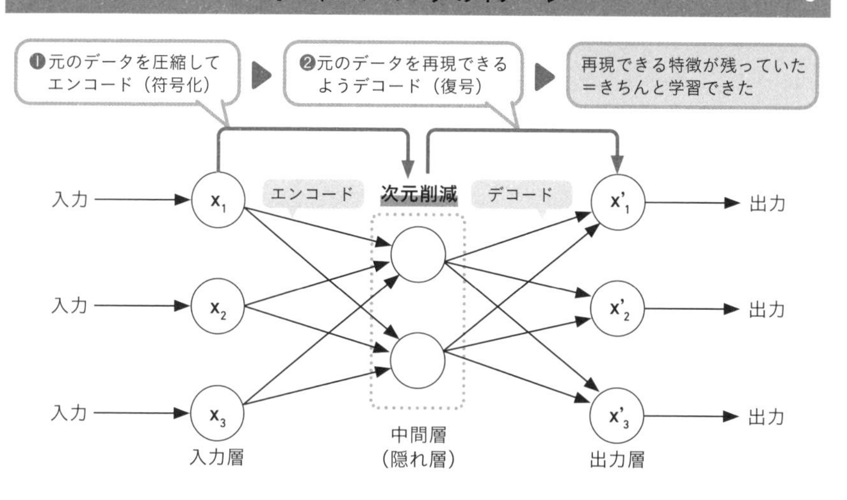

CHAPTER >>> 4

分類や回帰が得意な正解データによる学習

「教師あり学習」は学習データと正解ラベルがセットになったデータで学習する手法です。

第2章でAIの学習手法には「教師あり学習」と「教師なし学習」があることを説明しましたが、ここでは教師あり学習について掘り下げてみましょう。

正解ラベルの付いた学習データで学習するんですよね？

そうです。教師あり学習は、正解データからモデルをつくる「学習段階」と、未知のデータで推論を行う「推論段階」に分けられます。正解データで学習するので、「**分類**」や「**回帰**」のタスクが得意分野といえます。ただ、学習段階では学習データとともに、正解ラベルも用意しなければなりません。

大量のデータで学習するとなると、正解ラベルを用意するのも大変そうですね。

そうですね。学習データに正解ラベルを付ける作業を**アノテーション**と呼びます。AI開発の際は、このアノテーションの作業も考えておく必要がありますよ。

▶ **分類**
未知のデータがどのグループに属するかを予測・推論すること。たとえば、写真に写ったものが猫か犬かを識別することなど。

▶ **回帰**
連続する入力値に対して、次の値を予測・推論すること。たとえば、商品の過去の販売実績から今後の販売数を予測・推論することなど。

▶ **アノテーション**
AI開発では、データに正解ラベルなどの情報を付与すること。アノテーション作業を専門に請け負う企業もあり、アノテーション用ソフトなどを使い、人間が正解ラベルを付与していく。

教師あり学習による「分類」の例

教師あり学習により、分析したいデータがどのグループに属するかを「分類」できます。たとえば、商品の売上データから「売れ行きがよい・悪い」を学習し、新商品の売上が伸びるか否かを予測できます。

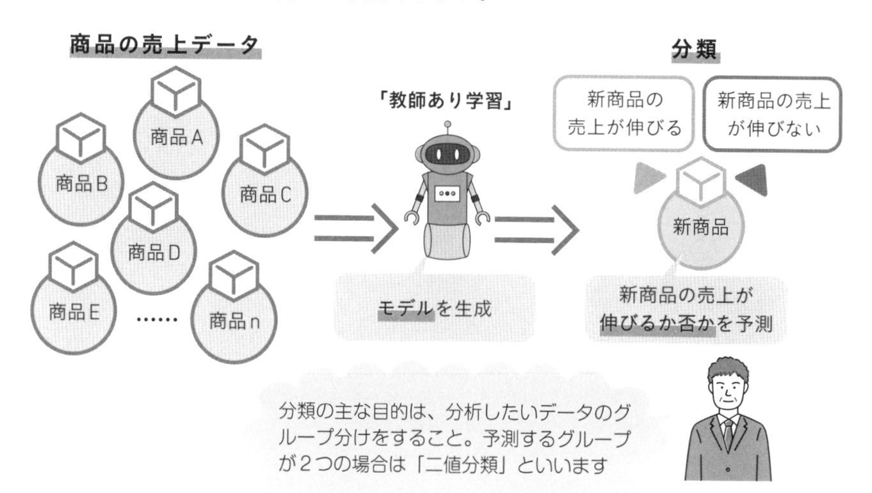

教師あり学習による「回帰」の例

教師あり学習により、連続する値の傾向から、未来の値を予測できます。たとえば、過去のデータから広告費と売上の関係を学習すれば、「広告費を増やすとどれくらいの売上が見込めるか」などが予測できるようになります。

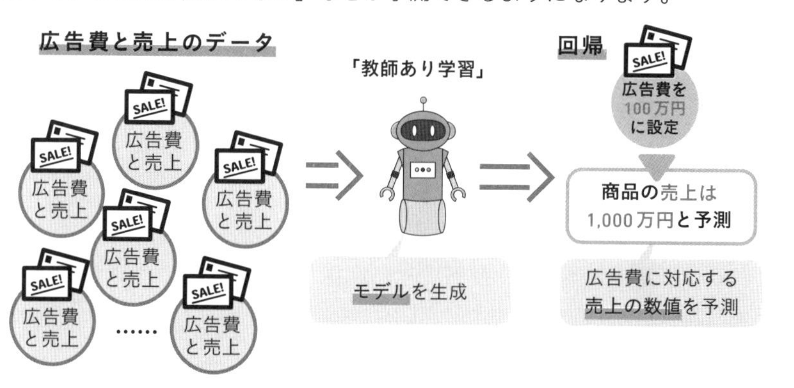

CHAPTER >>> 4

正解がないデータで AIがルールを探す学習

正解が与えられていないデータでも、AIが自らルールやパターンを見つけることができます。

次は「教師なし学習」についてです。

正解ラベルが与えられていない状態で学習するんですよね？

はい。正解ラベルのない学習データから、共通する本質的なルールやパターンなどを抽出し、モデルをつくります。

正解ラベルを付けなくてもルールやパターンがわかるんですね。

ただ、教師あり学習より**難度**が高く、できることは限定的です。教師なし学習の得意分野には、「クラスタリング」（P.62参照）や、関連性を見つける**「アソシエーション分析」**などがあります。

大量のデータを見て、その違いを見分けていくのはAIの得意分野なんですね。

教師あり学習と教師なし学習では、それぞれ得意分野が異なるので、目的に応じた学習手法を選ぶことが大切です。

▶ **難度**
学習結果の精度が低くなる傾向があることや、学習により抽出されたルールの解釈が難しかったり、重みの最適な調整が難しかったりすることなどが挙げられる。

▶ **アソシエーション分析**
大量のデータから統計的なパターンや関連性などを抽出する手法。たとえば、たくさんの商品から商品間の関連性を見つけることなど。

教師なし学習による「クラスタリング」の例

教師なし学習により、大量のデータから特徴を学習すれば、特徴の類似性をもとにグループ分けをすることができます。シンプルな例では、大量の青果のデータを色別に分類することなどができます。

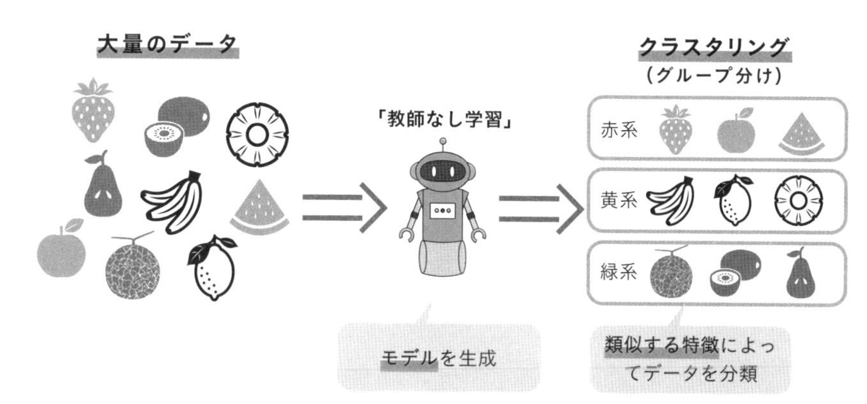

教師なし学習による「アソシエーション分析」の例

教師なし学習により、大量のデータからデータ間の関連性を見つけることができます。たとえば、商品の購買データのなかで、データが同時に出現するパターンを発見することで、セットで購入されているものがわかります。

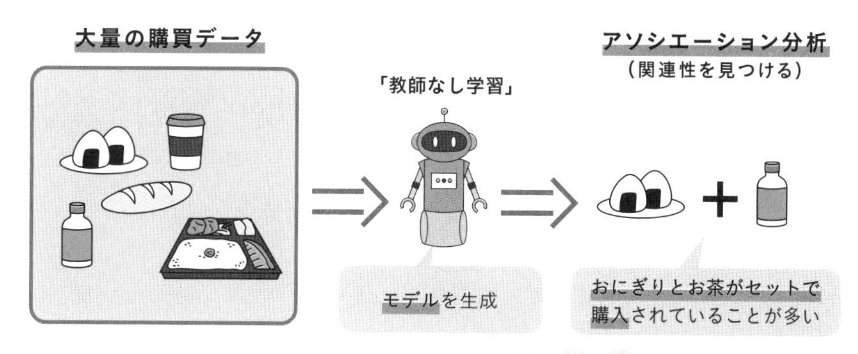

たくさんの商品のなかから、
商品間の関連性を見つける
ことができるよ

CHAPTER >>> 4

AIが試行錯誤して自律的に学習する

行動と報酬の関係を学習する強化学習は、ゲームやロボット、自動運転などに向いた学習手法です。

AIの学習手法にはもうひとつあるんです。

「教師あり」「教師なし」の次というと、「"塾"学習」ですか？

何ですか、それ（笑）。もうひとつは「**強化学習**」です。人間も成績がよいときに褒め、悪いときに叱ることがありますが、それと似たような学習手法です。

たしか、囲碁のプロ棋士に勝利して有名になった「AlphaGo」にも強化学習が使われていたんですよね。

そうです。囲碁のようにルールがはっきりしているものは強化学習に向いています。強化学習では、AI（**エージェント**）をある**環境**に置き、**行動**をさせます。AIが行動すると、環境の**状態**が変わります。その状態が望ましいものなら**報酬**がもらえますが、そうでない場合は報酬がもらえません。これを繰り返すことで、行動と報酬の関係を学習し、報酬が最も多くもらえる行動をとるようになるのです。

▶ **強化学習**
AIが一定の環境のなかで試行錯誤を行うことが学習データとなり、行動に報酬を与えるプロセスを繰り返すことで、よい行動を学習させる手法。

▶ **エージェント**
行動する主体。たとえば囲碁では、対局者。

▶ **環境**
エージェントがいる世界。たとえば囲碁では、盤面。

▶ **行動**
エージェントがある状態でとることのできる行動。たとえば囲碁では、打ち手。

▶ **状態**
ある環境が保持している状態。たとえば囲碁では、盤面の状態。

▶ **報酬**
エージェントの行動に対する評価。

強化学習の仕組みのイメージ

強化学習とは、AIが与えられた環境下で、よい行動をとると報酬がもらえ、悪い行動をとると報酬がもらえないという条件で、報酬を最大化させる行動を学習させていく手法です。

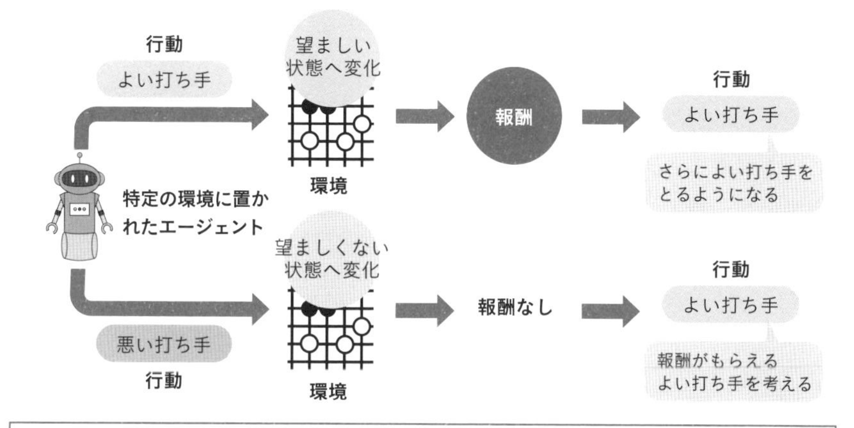

自動運転の強化学習のイメージ

強化学習は自動運転の技術開発にも活用されています。「ハンドルを切る」「アクセルを踏む」といった行動の正解・不正解ではなく、その行動がよい状態をもたらしたときに報酬を与えることで、学習させていくのです。

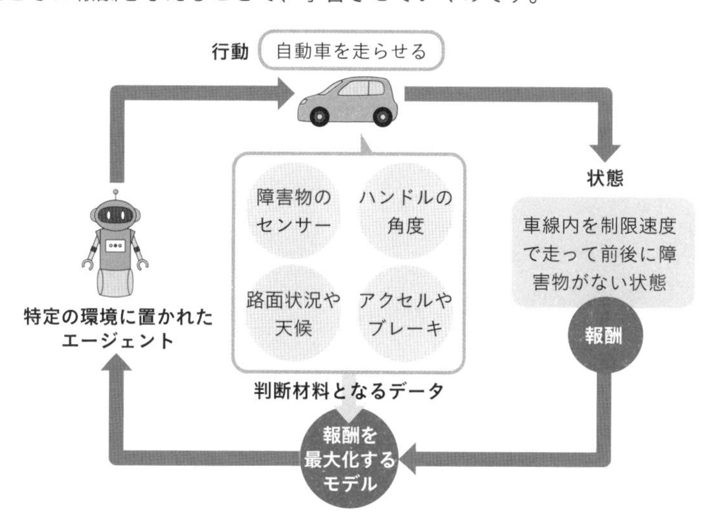

アノテーション

教師あり学習の正解データの作成

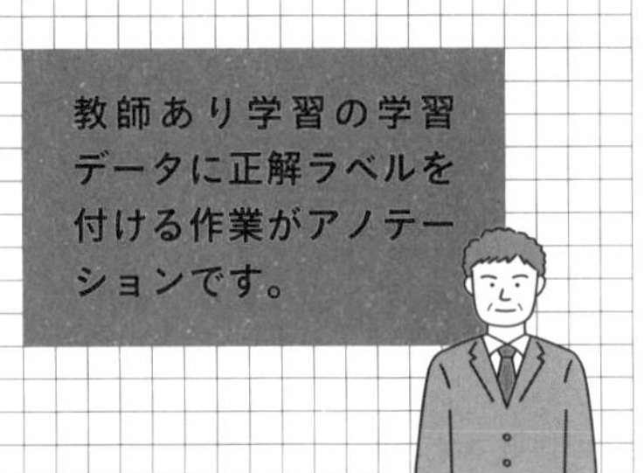

ディープラーニングの学習の手法はいくつかありますが、最も一般的なものが、教師あり学習です。教師あり学習では、正解ラベルの付いた学習データ（教師データ）を使って学習を行いますが、学習データに正解ラベルを付ける作業をアノテーションと呼びます。たとえば、猫の画像には「猫」という正解ラベルを付け、犬の画像には「犬」という正解ラベルを付けるわけです。このラベルのことを「タグ」や「メタデータ」と呼ぶこともあります。

アノテーションの手法には、データの種類や用途に応じて、さまざまなものがあります。たとえば、画像

教師あり学習によるAI開発の主な流れ

教師あり学習によるAI開発では、初期段階で学習データの準備と、学習データに正解ラベルを付けるアノテーションを行うことが求められます。そのため、AI実装までの全体の工程を踏まえ、学習の期間だけではなく、学習データの準備とアノテーションにどれくらいのコストと時間が必要かも見積もっておくことが大切です。

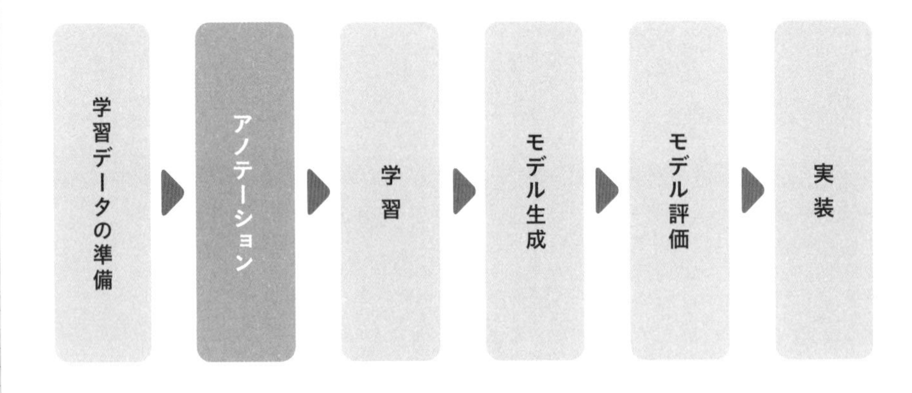

のなかから特定の物体を見つけ出す「物体検出（オブジェクトディテクション）」と呼ばれる技術で、「猫」「犬」「自動車」などのラベルを付けることができます。また、画像内のピクセルひとつひとつにラベルを付ける「領域分類（セマンティックセグメンテーション）」という手法もあります。さらに、画像を属性ごとに分類してアノテーションを行う「画像分類（クラシフィケーション）」という手法もあります。これらのアノテーション専用ツールを使うことで、効率よくアノテーションを行うことができます。

アノテーションの精度が低いと、それをもとに学習したAIのモデルも精度が低くなるので、アノテーションの精度は重要です。アノテーションは、AIを活用したい企業やAI開発会社が行う場合もありますが、大量のデータのアノテーションには時間がかかるので、アノテーションを専門に行う企業にアウトソーシングする事例も増えています。

代表的なアノテーションの手法

アノテーションでは、写真全体ではなく、写真に写っている物体それぞれに正解ラベルを付ける必要も出てきます。そのような場合に、効率よくアノテーションを行える手法が開発されています。代表的な手法として、物体検出、領域分類、画像分類があります。写真の特徴や目的に応じて手法を選ぶことが大切です。

物体検出
（オブジェクトディテクション）

特定の物体を「バウンディングボックス」と呼ばれる領域で囲んでラベルを付与

領域分類
（セマンティックセグメンテーション）

画像の特定の領域のピクセルひとつひとつに対してラベルを付与

画像分類
（クラシフィケーション）

画像を属性ごとに分類して複数のラベルを付与

CHAPTER >>> 4

学習したモデルで推論をする

AIを開発するためには、必ず学習段階と推論段階をセットで考える必要があります。

教師あり学習で説明しましたが、AIには「学習段階」と「推論段階」があります。

「学習段階」でモデルをつくり、「推論段階」でモデルを使って推論するんですよね。

そうです。たとえば、猫と犬の画像を見分けるAIなら、まず猫と犬の画像データで学習させてモデルをつくるのが学習段階。そして、未知の画像データを入力し、犬か猫かを推論させるのが推論段階です。

推論段階ではもうAIが完成している感じがしますね。

推論段階では、学習した猫と犬に対して**特徴量**を割り出す作業が行われます。推論の精度を高めるには、推論段階の前にテストデータで評価を行い、モデルパラメータの調整なども行われます。

学習段階が期末テストの試験勉強で、推論段階が本番の期末テスト、合格がもらえないと追試って感じですね……。

「教師あり学習」についてはP.114の解説を確認しておこう

▶ **特徴量**
大量の学習データから抽出された特徴を定量的な数値で表したもの。推論の手がかりとなる変数であり、重要な指標。

学習と推論の流れのイメージ

AIは「学習」と「推論」の2段階で開発され、学習段階では学習により推論モデルを生成します。モデルが生成されたら、推論を行い、モデルの精度を評価します。

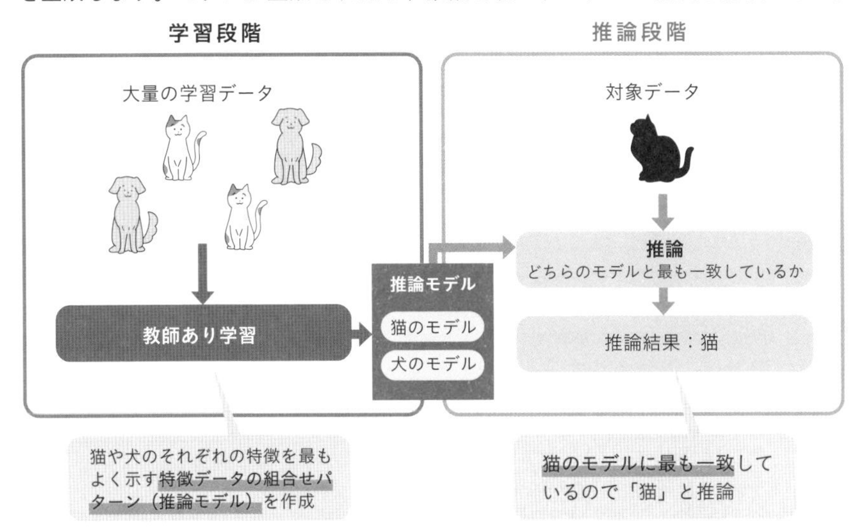

モデル評価に用いられる主な指標

AIが被験者30人のコロナ陽性・陰性を判定した場合

正解率
Accuracy

予測が正しかった割合のこと。正解数を全データ数で割って得られる値。0.0（0％）～1.0（100％）の範囲の値になり、1.0に近づくほど精度が高い

適合率
Precision

モデルが陽性と予測したもののうち、実際に陽性であった割合。たとえば30人中20人が陽性と予測され、そのうち15人が実際に陽性とすると15÷20＝0.75となる

再現率
Recall

実際に陽性であったもののうち、モデルが陽性と予測した割合。たとえば30人中18人が実際に陽性で、そのうち陽性と予測されたのが15人とすると、15÷18＝0.83…となる

適合率と再現率の関係

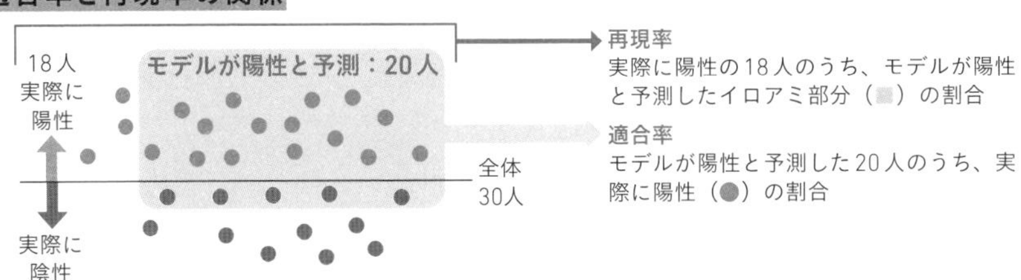

CHAPTER >>> 4

2つのネットワークを競わせるアルゴリズム

2つのニューラルネットワークを互いに競い合わせることで、精度を高めるのがGANです。

生成AIが注目されていますが、ベースとなるアルゴリズムのひとつに、2014年に発表されたGAN(Generative Adversarial Network)があります。日本語では「敵対的生成ネットワーク」と訳されます。

「敵対的」とは、何だか物騒ですね……。

「生成器(Generator)」と**「識別器(Discriminator)」**という2つのニューラルネットワークで互いに競い合い、精度を高めていくのがGANの特徴です。生成器は識別器を騙せる精巧な生成データをつくり出し、識別器は生成器がつくり出した生成データを見破ることが役割です。最終的に生成器が本物と見分けのつかないデータを生成することが目標です。

なるほど！　偽札の偽造者と、それを取り締まる警察官みたいな感じですね！

それに近い感じですね。GANは高精度の画像をつくり出したり、文章から画像を生成したりすることに用いられています。

▶ **生成器(Generator)**
GANの2つのニューラルネットワークのうち、入力データから偽物のデータを生成するネットワーク。

▶ **識別器(Discriminator)**
GANの2つのニューラルネットワークのうち、生成器が生成した偽物のデータと本物のデータを比較し、どちらが本物かを識別するネットワーク。

GAN（敵対的生成ネットワーク）の仕組み

GANでは最初に初期値（ノイズ）を入力することで、生成器が本物に似せた生成データをつくり出します。それを識別器が本物か生成データかを識別します。そして互いに学習を繰り返し、生成と識別の精度を高めていくことで、本物に近い生成データがつくり出されるという仕組みです。

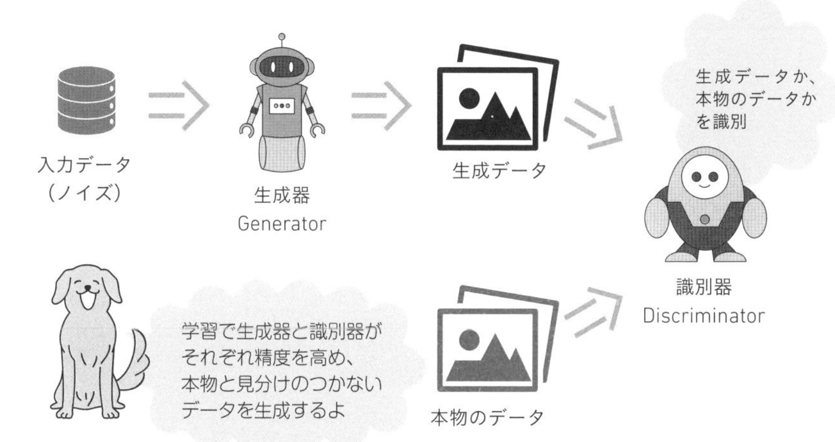

GAN（敵対的生成ネットワーク）の活用例

高品質な画像の生成
見本のデータを入力し、精度の低いデータから徐々に高いデータをつくり出す

文章から画像の生成
希望する画像を文字で入力したり音声で話したりすることで画像をつくり出す

別の画像の生成
入力した画像から別の画像を生成。たとえば、馬の画像からシマウマを生成するなど

画像のスタイルの変換
画像のタッチやスタイルを変えられる。たとえば、写真から画家の画風に似せた画像に変換することが可能

動画の変更
２つの動画を入力し、動画に映っている人に別の動きをさせることなどが可能

異常検知
正常な画像で学習することで、正常でない異常な画像を識別できるようになる

CHAPTER >>> 4

画像が破壊されていく過程を学習

画像生成AIの精度を大きく向上させた学習モデルのひとつに「拡散モデル」があります。

GANを使えば、精度の高い画像をつくり出せるんですね。最近は本物と区別がつかない生成画像が増えましたよね。

GAN以外でも画像生成AIは飛躍的に進歩しています。そのひとつのモデルに「**拡散モデル（Diffusion model）**」があります。

「拡散」っていうと、SNSの情報がどんどん広がっていくような感じですか？

「広がっていく」という点はいいですね。「拡散」はもともと物理学の概念で、微粒子が周囲に広がっていく現象のことです。

具体的にはどんな考え方なんですか？

たとえばコップの水にインクを垂らすと、次第にインクが拡散していきますよね。もし時間を戻せれば、拡散前の状態に戻るわけです。この考え方で、画像にノイズを付加して破壊されていく過程を学習し、それを逆にたどることで、元画像に戻したり類似画像を生成したりできるんです。

▶ **拡散モデル（Diffusion model）**
画像生成AIなどに採用されている学習モデルのひとつ。画像データにノイズを付加し、破壊していく過程を学習する。画像データにノイズを付加していく過程と、画像データからノイズを除去していく過程から構成される。

拡散と拡散モデル

拡散は、微粒子が周囲に広がっていく現象を指します。拡散モデルは拡散と似たイメージで、画像がノイズによって破壊されていく過程を学習することで、逆にノイズから画像データを生成できるようになります。

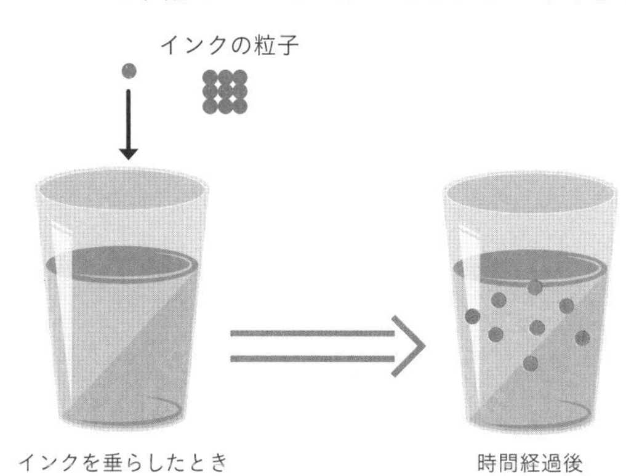

微粒子の拡散にヒントを得た学習モデルが「拡散モデル」だよ

コップの水にインクを一滴垂らすと時間の経過とともに拡散

拡散モデルの2つの過程のイメージ

ノイズを付加していくことで画像データが破壊され、最終的に完全なノイズに変換される

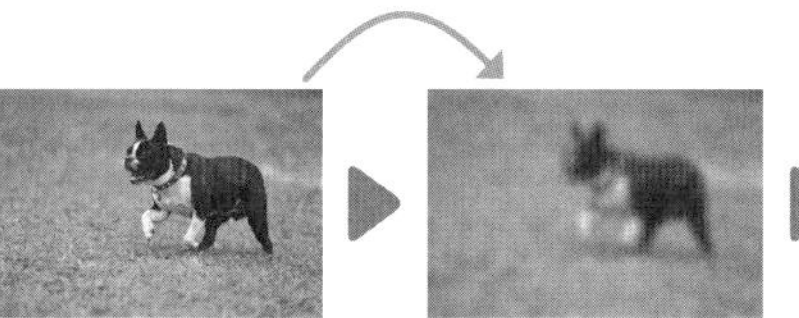

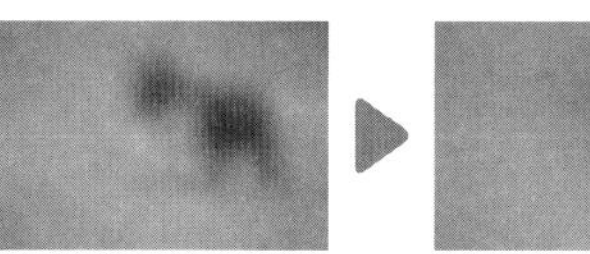

拡散過程（Forward Process）

この過程を学習モデル化

ノイズを除去していくことでノイズから画像データへ変換

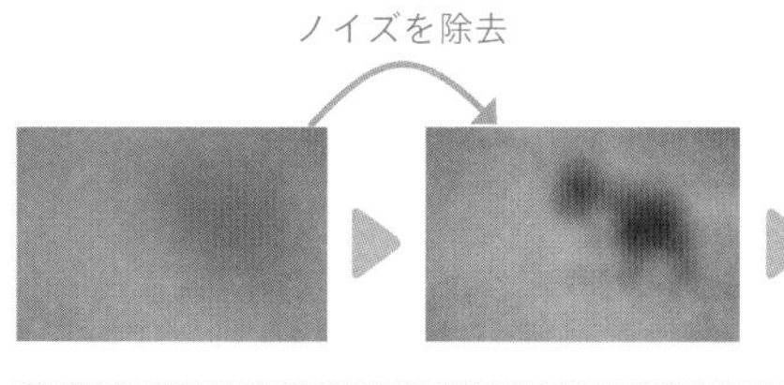

逆拡散過程（Reverse Process）

学習結果から画像データを修正

CHAPTER >>> 4

文章の並列処理により単語間の関係性を理解

文章生成AIの精度を高めたニューラルネットワークのひとつが「トランスフォーマー」です。

画像生成はもちろんですが、文章生成も精度が上がっていますよね？

そうですね。文章生成AIには「**トランスフォーマー（Transformer）**」などのニューラルネットワークが採用されています。

「トランスフォーマー」って、あの自動車とかに変形するロボットですか？

まぁ、「変形」という点は近いかもしれません（笑）。トランスフォーマーは系列変換のタスクを行うためのものです。

ある言語の文章を別の言語の文章に変換するタスクですか？

そうです。従来は文章を先頭から処理し、「ある単語の次にどの単語が来る蓋然性が高いか」と予測していましたが、それでは離れた単語間の関係性がわかりません。そこでトランスフォーマーでは、**アテンション機構**により文章のどこに注目すべきかを特定できるようにしたんです。

▶ **トランスフォーマー（Transformer）**
自然言語処理における系列変換のタスクのニューラルネットワーク。文章を一度に並列処理し、それぞれの単語間の関係性を見つけて、意味や文脈などを学習する。

▶ **系列変換**
「系列」とは、ある順序で並んでいるもののことで、ある系列から別の系列へ変換するタスクを指す。たとえば、英語から日本語への変換など。

▶ **アテンション機構**
入力された系列データの重要箇所に注目させるための手法や技術。入力した文章のどの単語にどれだけ注目させるかを重要度の確率で表す。

トランスフォーマーによる並列処理のイメージ

トランスフォーマーは自然言語処理のニューラルネットワークです。複数の単語の並列処理が可能で、高速化されただけではなく、単語間の関係性を理解でき、文脈や意味も学習できるようになりました。

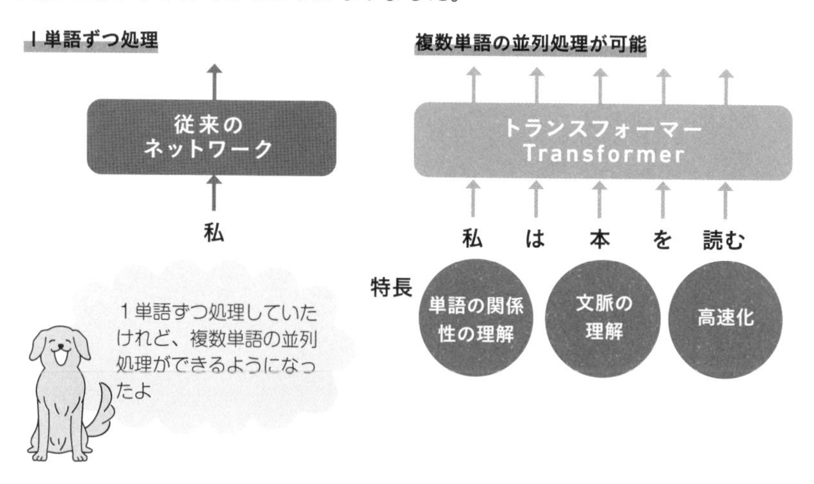

アテンション機構による重要度の計算のイメージ

アテンション機構とは、文章中のどの単語が重要かを決める仕組みのことです。入力した文章のなかの重要な単語に注目させるため、各単語の重要度の確率（スコア）を算出し、スコアが高いものほど注目されるようになります。

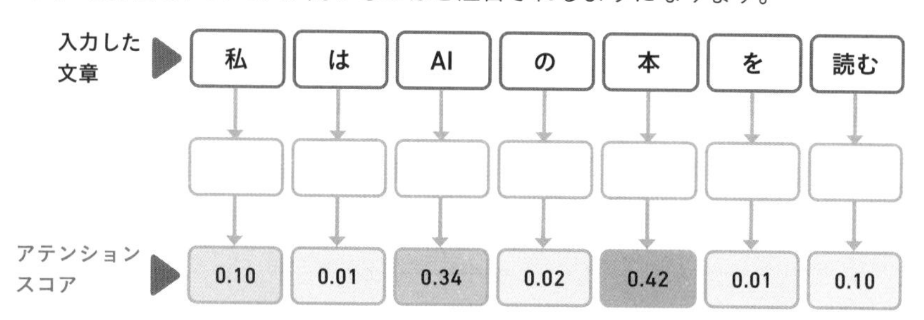

入力した文章のどの単語にどれだけ注目させるかを重要度の確率で表します

CHAPTER >>> 4

膨大なデータの学習で構築された言語モデル

大規模言語モデルの登場で文章生成AIの精度が大きく向上し、自然言語を用いた処理に活用されています。

文章生成（P.84参照）でも大規模言語モデルが重要なんですよね？

大規模言語モデルはLarge Language Modelsの略でLLMとも呼ばれます。その名のとおり、**大規模なデータとディープラーニングで構築した言語モデル**のことです。LLMにより、**人間のような自然な会話**と、自然言語を用いたさまざまな処理ができるようになりました。

どんなことができるんですか？

たとえば、要約や計算、プログラムコードの生成などができます。LLMの例では「GPT」や「**BERT**」などがあります。

仕組みは従来の言語モデルと同じなんですか？

仕組み自体は従来の言語モデルと大きく変わっていませんが、大規模データによる学習で**直接教えていないこともできるようになった**と考えられています。

大規模言語モデルは文章生成以外にも幅広い分野で活用できるよ

▶ **BERT**
Bidirectional Encoder Representations from Transformersの略。Googleが開発した自然言語処理のための学習モデル。トランスフォーマーを双方向に組み込むことで、文章を文頭と文末の両方から学習し、文脈を深く読み込めるようになった。

大規模言語モデルの学習と活用のイメージ

大規模言語モデルは、膨大なテキストデータで学習させた言語モデルです。このモデルを調整することで、テキスト分類や文章要約、感情分析など、さまざまな自然言語処理のタスクに活用できます。

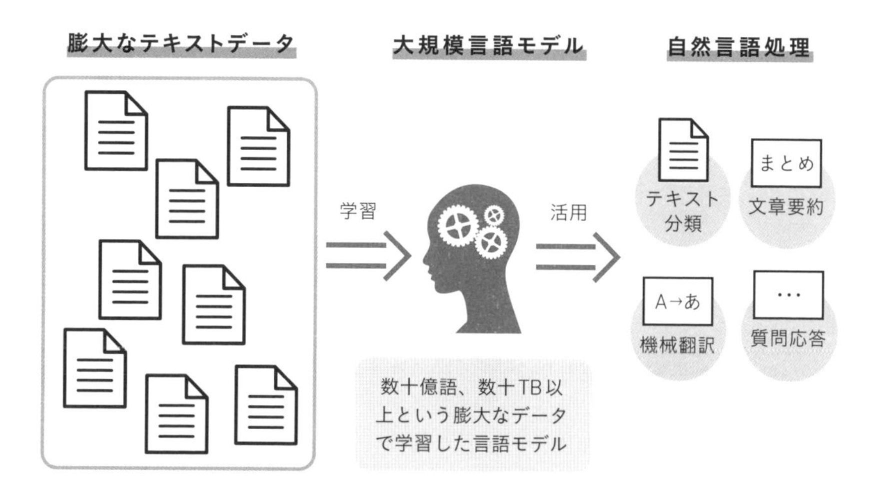

大規模言語モデルの主な活用例

大規模言語モデルは自然言語処理に関連するあらゆるタスクに活用できます。文章の作成や修正はもちろん、言語を使うものであれば、プログラムなどにも対応できます。さらに数値データやアンケート調査などの分析も可能です。

自動文章作成
入力に対する応答や、ある条件での文章自動生成など

文章の修正
論文や技術資料などの専門的な文章の誤り検出や修正

情報の検索
検索ワードに関連する情報を自動で生成する

IoTの操作
自然言語を処理し、電化製品などを遠隔で操作

市場分析
市場動向や商品の売上の変化、顧客ニーズなどを分析

感情の分析
テキスト内の意見や評価などを特定し感情を分類

プログラムコードの生成
自然言語によるプロンプトに従ってコードを生成

プログラムのバグチェック
コード内のエラーや不具合を検出して修正する

CHAPTER >>> 4

ChatGPT
(GPTシリーズ)

マルチモーダル化した多機能型の文章生成AI

文章生成AIを身近にした立役者である「ChatGPT」はさらに改良が進められています。

「ChatGPT」をようやく使ってみましたが、旅行の計画まで立ててくれました！

ChatGPTの登場は革命的でしたね。当時のGPTシリーズ最新版のGPT-3を改良し、強化学習を行ったGPT-3.5をベースにしています。ポイントは**チャットインタフェース**を採用し、誰でも簡単にAIと会話できるようにしたことです。

▶ **チャットインタフェース**
日常的な文章や会話などでやり取りができるインタフェースのこと。LINEアプリなどを使う感覚でAIを利用できる。

たしかに、会話形式でAIとやり取りできるので、ハードルがぐっと下がりました。

その後も改良が続けられ、2023年3月には有料版「ChatGPT Plus」でGPT-4が利用できるようになりました。また2023年10月には画像解析と音声入出力の機能を備えた「GPT-4V」もリリースされています。

ChatGPTについては第3章も参照しよう

どんどん便利になっていきますね！

はい。GPT-4Vでは写真を見せて、どこで撮影されたものかを聞いたり、音声で会話をしたりすることもできます。

ChatGPTの構成

ChatGPTには無料版と、有料版の「ChatGPT Plus」があります。有料版のモデルにはGPT-4が使われており、マルチモーダルに対応したGPT-4Vも使えます。GPT4-Vでは文章はもちろん、音声や画像・動画なども入出力に利用でき、組み合わせ次第でさまざまな活用方法が考えられます。

無料版

モデル：GPT-3.5

できること

- テキスト入力による文章生成
- 対話形式での質問応答
- パソコンやスマートフォンでの利用が可能

利用の制限

- 応答速度の制限
- 文字数の制限
- リクエスト数の制限
- 高度な機能の制限
- API使用制限

有料版「ChatGPT Plus」

モデル：GPT-4

メリット

- 対話形式で精度の高い質問応答
- インターネット上で検索した最新の情報で応答
- 接続が安定
- 応答速度が速い
- 文字数制限が無料版の約2倍
- リクエスト数が10倍以上
- 高度な追加機能を使用可能

モデル：GPT-4V

メリット

- マルチモーダルに対応

GPT- 4Vの活用例

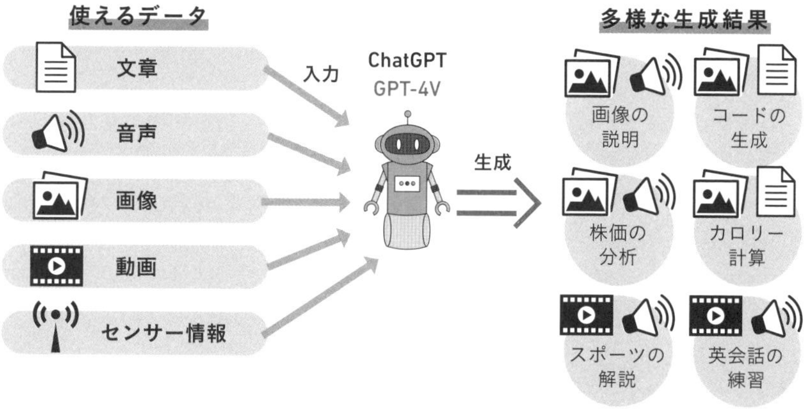

使えるデータ

文章
音声
画像
動画
センサー情報

入力

ChatGPT
GPT-4V

生成

多様な生成結果

画像の説明
コードの生成
株価の分析
カロリー計算
スポーツの解説
英会話の練習

CHAPTER >>> 4

手元の端末でAI処理を行う

AI処理をどこで行うかによって、「クラウドAI」と「エッジAI」に大別できます。

AI開発では、**AI処理をどこで行うか**によって「クラウドAI」と「エッジAI」という分け方があります。

AI処理ってパソコンで行うんですよね？

そうなんですが、そのパソコンがどこにあるかで分けられるんです。クラウドAIは**手元の端末からインターネット上のサーバにデータを送って処理**するものです。

ということは、**エッジAIは手元の端末のみで処理**するものってことですか？

そのとおりです。ただ、AIの学習は大量のデータを扱うので負荷が高く、エッジは向きません。**学習済みモデルを使い、推論のみエッジで行う**ことが多いです。

エッジAIでは、クラウドにデータを送信する必要がないわけですよね。

はい。データを送らなくていいので、**応答速度やセキュリティ面で有利**です。

▶ **端末**
「エッジデバイス」とも呼ばれる。「エッジ」とは「端の」という意味で、ネットワークの末端に位置する機器のこと。具体的にはパソコンやスマートフォンなどがエッジデバイスである。

▶ **学習済みモデル**
事前に大量のデータで学習され、生成されたモデルのこと。既存の学習済みモデルを微調整して使うことで、効率よくAI開発が行える。

クラウドAIとエッジAIの違い

AIの処理を行う際、クラウド上のサーバを使うか、手元の端末で行うかにより、前者は「クラウドAI」、後者は「エッジAI」と呼ばれます。それぞれにメリット・デメリットがあり、場面に応じてうまく使い分けることが大切です。

クラウドAI

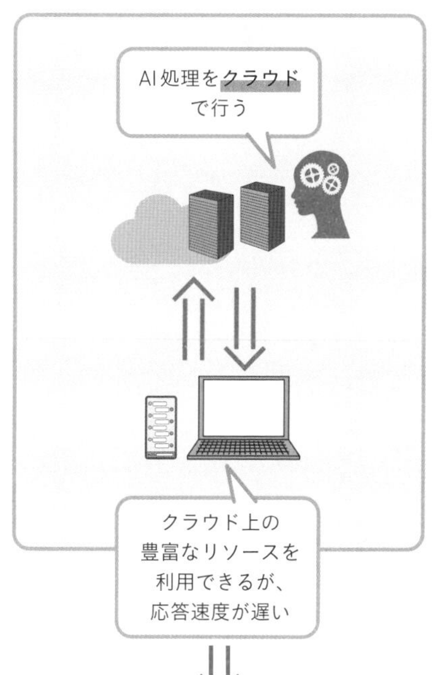

メリット・デメリット

メリット
- リソースが豊富で大規模な処理が可能
- エッジの端末の負荷を軽減できる
- スマートフォンなどでも利用可能
- クラウド上のモデルなどを活用できる
- AI開発のハードルが低い

デメリット
- 応答速度が遅い可能性がある
- オフラインで使えない
- 通信コストがかさむ可能性がある
- 情報漏えいなどセキュリティ面でのリスク

エッジAI

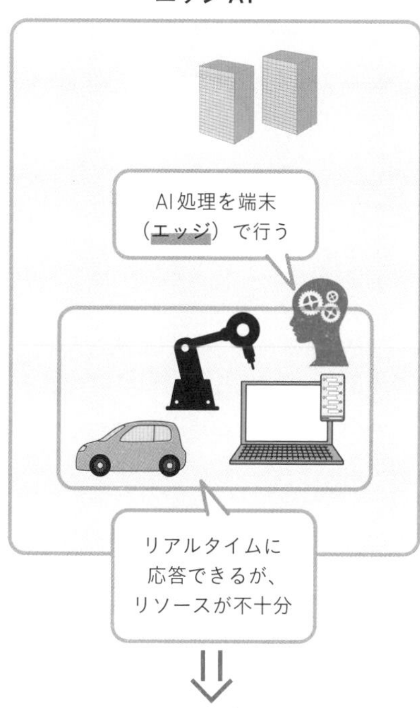

メリット・デメリット

メリット
- 端末内でリアルタイムに応答できる
- 端末内で完結しセキュリティリスクが低い
- 通信コストを抑えられる
- インターネット環境がなくても使える

デメリット
- エッジの端末に負荷がかかる
- スペックにより高度な処理が困難
- モデルなどのリソースが少ない
- AI開発のハードルが高い

GPU/TPU/NPU

処理を高速化するAI専用チップ

大規模データの学習には、AI処理を高速化させるAI専用チップが使われます。

AI開発には、「学習」と「推論」の2つの段階があります。学習も推論も似た演算を何度も繰り返す必要があり、特にLLMのような大規模データによる学習では、非常に多くの演算が行われます。

コンピューターには通常、CPU(Central Processing Unit)が搭載されており、さまざまな処理をしています。CPUは複雑な演算を行うことは可能ですが、何度も単純な演算を行うAIの学習には向きません。そこで注目されたのがGPU（Graphics Processing Unit）です。GPUは本来、画像処理を高速に行うために設計されたチップで、数千個にも及ぶコアを備え、多数の演算を並列で処理できることが特徴です。GPUを利

CPUとGPUの違い

CPU
Central Processing Unit

コア※

パソコンの司令塔

演算 演算 演算 演算 演算

複雑な命令を直列的に処理

GPU
Graphics Processing Unit

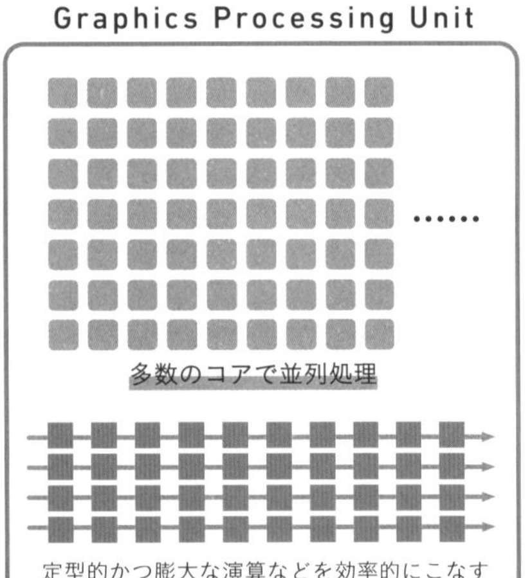

※コアとは、演算や処理などを行うCPU・GPUの中核となる部分

用することで、AIの学習や推論をCPUの数十倍以上の速さで行うことができます。

GPUメーカーとしてはNVIDIAやAMDが有名です。特にNVIDIAのGPUはAI処理に多く使われており、AI専用に改良したGPUもリリースされています。

NVIDIAのGPUに対抗し、GoogleはTPU（Tensor Processing Unit）と呼ばれるAI専用チップを開発しました。TPUはGPUに比べ、演算精度では劣るものの、消費電力あたりの処理性能は高められています。TPUは同社のAlphaGoやクラウドサービスなどに使われていますが、外販はされていません。しかし2018年10月、推論に特化したエッジ向けTPU「Edge TPU」の外販を開始しました。

最近は、CPUにNPU(Neural Processing Unit)と呼ばれるAI処理向けプロセッサを統合することがトレンドとなっています。たとえば、iPhone X以降のiPhoneシリーズのCPUには「Neural Engine」と呼ばれるチップが搭載されており、Qualcommのスマートフォン向けチップ「Snapdragon」にもNPU製品が登場しています。パソコン向けCPUの分野でも、AMDの「Ryzen 7040シリーズ」にNPUが統合されているほか、Intelが2023年12月に発表した「Core Ultraプロセッサ」にもNPUが統合されています。今後はこうしたNPUを搭載したAI処理能力の高いパソコン「AIパソコン」が主流になるとみられています。

TPUとNPUの特徴

TPU
Tensor Processing Unit

- Googleが開発したAI専用チップ
- 大規模なデータ処理や複雑なモデル処理に特化
- 外販はされていない。クラウドサービス「Google Cloud」で処理能力を提供
- 推論のタスクに特化したエッジ向けTPU「Edge TPU」の外販開始
- GPUより演算精度は劣るものの、消費電力あたりの処理性能は高い

NPU
Neural Processing Unit

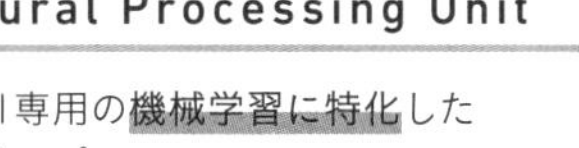

- AI専用の機械学習に特化したチップ
- 学習や推論などのタスクでパフォーマンスが高い
- 高度な学習アプリの開発やデータ解析などに活用
- 多数の演算の並列処理が可能
- 多様な用途に用いることはできない

アプリやOSにAIを積極的に導入

MicrosoftやGoogle、Adobeなどの大手IT企業は、AIを自社の製品・サービスに取り込んでいます。

AI技術の進歩は、世界の大手IT企業に影響を与えています。各社とも**AIを製品やサービスに取り入れよう**と必死ですね。

その代表がOpenAIと提携したMicrosoftですよね。

そうです。MicrosoftはAIを次のプラットフォームと考え、**生成AIを使った機能を「Copilot」というブランドで統一**すると発表しています。

たとえば、どんなものがあるんですか？

AIチャット機能「Bing Chat」は「Copilot」に名称変更がされましたし、Windows用の**AIツール「Copilot in Windows」も2023年12月にリリース**されました。

ほかの大手企業はどうなんですか？

Googleは2023年3月に**ChatGPT対抗の「Bard」を発表**し、2023年12月にも**マルチモーダルAI「Gemini」を発表**しました。

▶ Copilot
「副操縦士」の意味。Open AIが開発したChatGPTをベースにした、Microsoftの生成AI機能のブランド名。WindowsやMicrosoft Office、Webブラウザ「Edge」などに組み込まれている。

▶ Bard
Googleが2023年2月に発表した対話型AIサービス。LLMには当初、同社が2021年に発表したLaMDAが使われていたが、2023年4月により高性能なPaLM、2023年5月にPaLM2に変更された。

▶ Gemini
Googleが2023年12月に発表したマルチモーダルAI。Bardの後継として、今後170以上の国と地域で利用が可能になる予定。

MicrosoftのAIブランド「Copilot」

Copilotは、GPT-4をベースにしたMicrosoftの生成AIブランドです。ChatGPTと比べ、無料でGPT-4を使えるというメリットがあります。たとえばMicrosoft CopilotではChatGPTと同様、対話形式で質問応答が得られます。

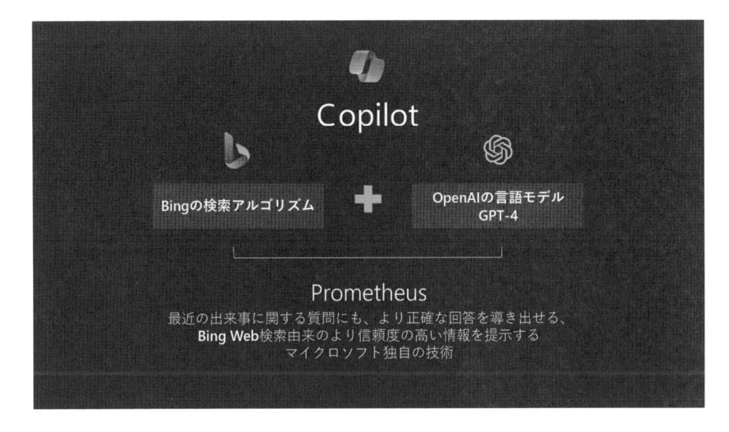

GoogleのAIサービス「Bard」

BardはGoogleが提供する対話型AIサービスです。Googleアプリと連携し、メールやコンテンツの検索・要約などが行えるといったメリットがあります。

COLUMN

Q 日本企業はAIへどんな取り組みをしているのですか？

ベンチャーから大企業までAIに注力する日本企業が増えています。

日本企業も、AI開発に積極的に取り組んでいるところが増えています。AIベンチャーとしては、Preferred Networksやティアフォー、rinnaなどが有名です。Preferred Networksは、ディープラーニング技術を得意とするAIベンチャーで、AIフレームワーク「Chainer」の開発元としても知られています。交通システム、製造業、ライフサイエンス、ロボットなど、さまざまな分野でほかの事業者と協業し、AIの導入を行っています。ティアフォーは、自動運転に特化したAIベンチャーで、「Autoware」と呼ばれるオープンソースの自動運転車用OSを開発しており、トヨタ自動車の「e-Palette」などに採用されています。rinnaは、もともと日本マイクロソフトが開発していた女子高校生AI「りんな」のテクノロジーを発展させるために、スピンアウトしてできた企業で、独自の日本語LLMの開発も行っています。

日本の大企業もAIに積極的に取り組んでいます。特に開発に大規模なリソースが必要なLLMに取り組む企業は多く、サイバーエージェントやリコー、NTTなどが日本語LLMを開発しています。

第5章

AIを活用してみよう

AIに効果的に命令を与えれば、
的確に答えを返してくれます。
生成AIを中心に活用法を学びましょう。

この章でわかること

AIの使い方や指示の出し方を知ろう

AIには立場を明確にし、条件を設定して指示することがポイントです

生成AIをビジネスに使う

▼

P.144 立場を明確にして考えさせる

P.146 企画を考案する

P.160 Web記事を要約する

P.162 海外記事を翻訳する

P.148 カスタマーサービスに活用

P.150 プログラミングに活用

生成AIをクリエイティブに使う

P.154

小説のプロットを書く

P.155

キャラクターを設定する

P.156

イラストを描く

P.158

動画をつくる

指示の与え方次第でさまざまなコンテンツがつくれるよ

立場を明確にしてから条件により文章を生成

文章生成AIを使って、実際に文章生成を行う流れとポイントを解説します。

ここからは、具体的なAIの使い方を見ていきましょう。まずは文章生成AIです。

プロンプト（命令文）で指示を与えれば、原稿や記事を書いてくれるんですよね？

はい。ただ、少しコツがあります。まず、**最初に「あなたはプロの○○です」などと職業を指定**するんです。

なるほど、前提となる職業や立場に立たせて作業を「予測」してもらうわけですね。

そのとおりです。そして文字数や文体などの条件は**「#制約条件:」と書き、そのあとに箇条書きで条件を指定**すると、その条件を満たす出力が得られます。

でも、なかなかピタッとくる文章にならないんですよね……。

結果がいまいちなら、**修正点をプロンプトで指示して再出力**させれば、希望の結果に近づけることができます。

プロンプトの例はP.87でも紹介しているよ

▶ **#制約条件:**
生成する文章の文字数やテーマ、文体、含むキーワードなどさまざまな条件を指定できる。

文章生成の流れ

目的に合った文章を生成するには、まずAIの職業や立場などを指定し、専門的な視点から文章を書いてもらうように指示します。さらに「#制約条件:」で文字数やテーマ、文体などの細かい条件を決めて絞り込みます。

職業や立場

「あなたはプロの○○です」「あなたは○○の専門家です」など

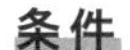

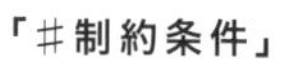

文字数	テーマ	ジャンル
ターゲット	文体	キーワード

など

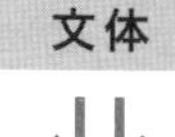

文章生成 → 修正点を指定して調整

文章生成のプロンプトと出力結果の例

あなた
あなたはプロのライターです。
以下の制約条件をもとに、日本のインボイス制度に関する記事を出力してください。

#制約条件:
・文字数は400字程度
・わかりやすい文章で

ChatGPT
インボイス（請求書）は、ビジネス取引の中で必要不可欠な文書です。日本のインボイス制度は、主に税務の要件に基づいています。

法人や個人事業主は、商品やサービスの取引が発生した際に、それに対応する請求書を相手方に発行します。これは税務申告のための基本的な記録となり、正確な課税対象金額の算定に役立ちます。

請求書には、取引の詳細情報や金額、支払い条件が記載されています。これにより、双方が取引内容を明確に理解し、不正確な課税を防ぐことができます。

法令上、一定の金額や法人格を持つ事業者はインボイスの発行が義務付けられています。ただし、小額取引や一般消費者に対する販売については、任意での発行が認められています。

指定した条件に応じて、自然な文章で記事が生成されるよ

CHAPTER >>> 5

アイデアの考案や掘り下げも可能

文章生成AIは、時流に合った企画を考えたりアイデアを掘り下げたりすることもできます。

Webコンテンツの**企画**を明日までに考えなければならないんですが、似たようなものしか思いつかなくて困っています……。

それなら、AIに企画の叩き台を出してもらったらどう？

そうですね。文章生成AIならアイデアや企画案を出すこともできますよ。AIの立場を「プロのWebコンテンツ作成者」などに設定すればよいと思います。

テーマを10個も考えなければならないんですが、うまくできるでしょうか？

「10個出力してください」と指定をして、条件を考えましょう。「タイトル」と「概要」を分けて出力させることもできます。

そんなこともできるんですね！

気になる企画は「3番の概要を300文字程度で詳しく書いてください」などと指示すれば、詳しい出力が得られますよ。

▶ **企画**
Webコンテンツのテーマだけではなく、プレゼンテーション資料の構成や、商品のキャッチコピーなども出力できる。

内容を限定したり掘り下げたりすることもできるよ

企画案を出してもらう指示の流れ

文章生成AIを活用すれば、AIにアイデアを出してもらうこともできます。Webコンテンツや商品開発、イベント開催など、さまざまな分野の専門家として考えてもらいましょう。ターゲットや内容を限定することも効果的です。

目的　企画案を出してもらう

必要な数量：「10個出してください」など

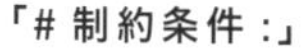

条件　「# 制約条件 :」

文字数／テーマ／ジャンル／ターゲット／文体／キーワード　など

体裁：「タイトル」と「概要」を分けて書く

文章生成 → 特定のアイデアの掘り下げ

文章生成のプロンプトと出力結果の例

あなた

あなたはプロのWebコンテンツ作成者です。
以下の制約条件をもとに、企画案を10個出力してください。

#制約条件:
・主なターゲットは30～40代男性
・ビジネスの課題を解決するWebコンテンツ
・AIを活用する内容
・「タイトル」と「概要」を分けて書く

出力された企画案から、特定のタイトルを掘り下げることもできるんだ

ChatGPT

1. **タイトル:** 未来の経営戦略アドバイザー
   概要: AIを活用したビジネスコンサルティングプラットフォーム。30～40代男性の経営者や起業家向けに、データ駆動の意思決定や戦略の最適化をサポートする。
2. **タイトル:** パーソナルビジネスアシスタント
   概要: 個人事業主向けのAIアシスタント。仕事のスケジュール管理や業務効率化、クライアント対応のサポートなど、ビジネス課題をAIがトータルに解決。
3. **タイトル:** スマートデータ分析プラットフォーム
   概要: ビジネスデータの解析を簡素かつ洗練された形で提供。AIがデータの傾向や潜在的な課題を即座に抽出し、戦略的な意思決定を促進。

CHAPTER >>> 5

AIをカスタマイズして返答させる

ChatGPTをカスタマイズできるGPTsの機能により、特定ファイルの情報を参照させることができます。

自社で構築しているWebサイトで、**カスタマーサービス**の対応が課題なのですが、効率よく行う方法はないでしょうか？

ChatGPTであれば、GPTsを使うことで、カスタマーサービス用のAIを簡単に作成できますよ。GPTsはChatGPTをカスタマイズして特定の目的に合ったものを作成する機能で、プログラミングも不要です。

お問合せフォームの質問への返答を自動で行うことも可能ですか？

はい、それでしたらAIで可能です。ただし、有料版の「ChatGPT Plus」に加入する必要があります。

どんなことができるんですか？

たとえば、「**Configure**」の「**Knowledge**」では参照ファイルを指定できるので、カスタマーサービスに使うのであれば、製品マニュアルやFAQを読み込ませることで、その情報を参照できるようになります。

▶ **カスタマーサービス**
製品やサービスなどを利用している顧客をサポートする活動あるいは部署。顧客の悩みや要望に応え、製品やサービスの価値を高めるうえで欠かせない。

▶ **Configure**
ChatGPTを特定の目的でカスタマイズする形態。必要な機能の選択や参照ファイルのアップロードなど、高度な設定が行える。

▶ **Knowledge**
参照ファイルを指定できる。製品マニュアルやFAQなどを読み込ませることでカスタマーサービスへの対応が可能。

有料版「ChatGPT Plus」のメリット

ChatGPT Plusでは、GPT-4の言語モデルにより精度の高い質問応答ができるほか、最新の情報を検索できる、追加機能を利用できるなど、ビジネスに有用です。

GPT-4を使える
より大規模な言語モデルであるGPT-4を利用でき、高精度な文章生成を行える

応答速度が速い
高精度な応答だけではなく、応答時間も短縮され、素早く使える

接続が安定している
混雑時に不安定にならず、優先的にアクセスでき、スムーズに使える

インターネットを活用
インターネット上で接続した、最新の情報をもとにした生成が可能

さまざまな追加機能を使用可能
ChatGPTの機能を拡張するさまざまな機能を使用でき、活用の幅を広げられる

新しい機能を使用可能
サポートが充実しており、新しく提供される機能を優先的に使用できる

ConfigureモードのKnowledgeを使う

ChatGPT PlusのConfigureモードのKnowledgeでは、参照ファイルを読み込ませることで、カスタマーサービスの対応の自動化も実現できます。

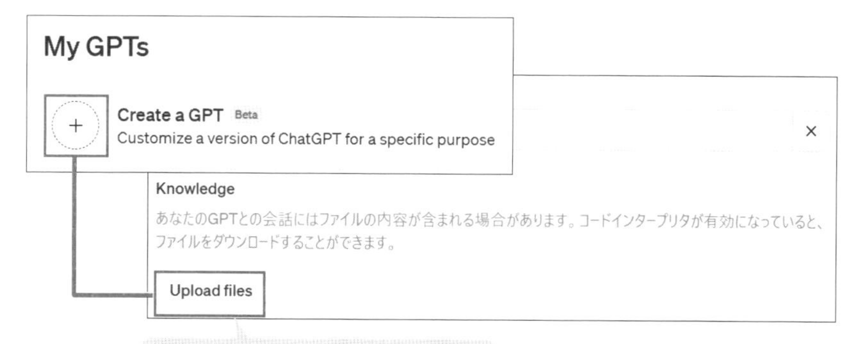

[Create a GPT]を選択してGPTsを起動し、[Upload files]から参照ファイルを読み込ませる

CHAPTER >>> 5

文章生成AIを使えばプログラムも生成できる

生成AIを活用すれば、プログラミングの知識がなくても、システムやソフトウェアの開発ができます。

文章生成AIでは、人間が読む文章だけではなく、コンピューターに指示を与えるプログラムコードも生成できます。

プログラムで動くAIがプログラムを生成するって考えるとおもしろいですね！

そうですね。ChatGPTでは、**Python**や**JavaScript**などのプログラミング言語はもちろん、比較的マイナーな言語のコードも出力できます。

生成したコードでシステムやソフトウェアを開発できるんですね。

もちろん、複雑なプログラムの場合、1回で期待した結果が得られないこともあります。その場合は、対話形式によりAIに改善点を与えていくことで、目的のプログラムに近づけることができます。

文章で指示するだけで、プログラミングができるんですね。プログラミングを勉強したい人も活用できそうですね。

▶ **Python**
インタープリタ型の汎用プログラミング言語。シンプルな文法で理解しやすく、数値計算からWebアプリ開発、AI開発など幅広く使われている。

▶ **JavaScript**
インタープリタ型の汎用プログラミング言語。Javaとは別の言語であり、Webブラウザ上で動作するため、Webアプリ開発などによく使われる。

プログラムコードを生成する流れ

最初にプログラミング言語を指定し、実現したいプログラムの内容を指示。一度で完璧なものが出力されるわけではないので、改善点を指定していく必要があります。

生成する言語　**プログラミング言語の指定**

言語の指定：「Pythonのプログラムを出力してください」など

条件　「# 制約条件 :」

プログラムの内容　**注意点の指定**

参考となるコード　**など**

内容：「内容は入力された単語を50音順に並び替えて表示するものです」

プログラムコード生成 → **改善点の指定など**

文章生成のプロンプトと出力結果の例

あなた
あなたはプロのプログラマーです。
Pythonのプログラムを出力してください。

内容は、入力された10個の英単語を、アルファベット順に並び替えて表示するものです。

ChatGPT
もちろんです。以下は、Pythonのプログラム例です。

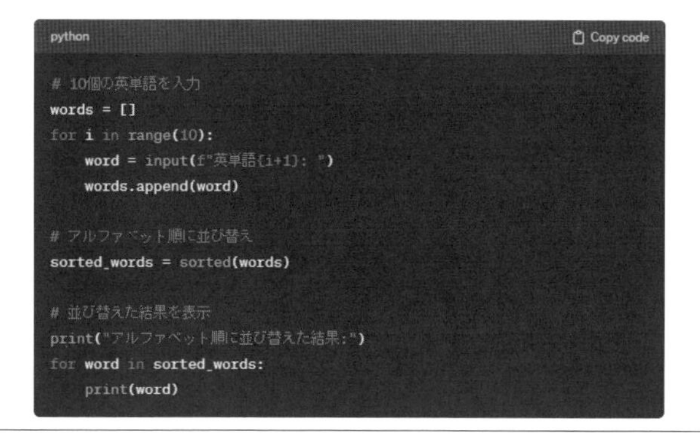

python　Copy code

```python
# 10個の英単語を入力
words = []
for i in range(10):
    word = input(f"英単語{i+1}: ")
    words.append(word)

# アルファベット順に並び替え
sorted_words = sorted(words)

# 並び替えた結果を表示
print("アルファベット順に並び替えた結果:")
for word in sorted_words:
    print(word)
```

生成されたコードは完璧ではないので、プロンプトで指示して改善していく必要があるよ

プログラミングのためのAI

コード提案もする「GitHub Copilot」

プログラミングに関連する各種作業を支援するプログラマーのためのAIです。

業務で使うための本格的なプログラムを作成するためには、さまざまな作業が必要になります。そうした作業を支援してくれるのが「GitHub Copilot」です。ソフトウェア開発のプラットフォームとして広く使われている「GitHub」を運営するGitHub社は2022年6月、GitHub Copilotのテクニカルプレビューを終了し、有償のサブスクリプションサービスとして提供を開始しました。

GitHub Copilotは、ソフトウェアやWebアプリとしてのサービスではなく、プログラミング用のコードエディタに専用プラグインをインストールすることで利用できるようになります。個人向けの利用料は月額10ドルまたは年額100ドルです

GitHub Copilot Xの主な機能

GitHub Copilot Xには、プログラミングを支援するさまざまな機能があります。なかでもGPT-4の採用により、対話形式でプログラミング中に入力やエラーなどの質問応答ができ、効率的なコーディングが行えます。

GitHub Copilot Chat
コードエディタと連携し、開発の疑問点や改善点をチャットで回答する機能

Copilot for Pull Requests
コードの変更や機能の追加・改修を共有するためのプルリクエストを行う機能

GitHub Copilot for Docs
ドキュメントの作成やバージョン管理、ドキュメント統合を自動で行う機能

GitHub Copilot Voice
自然言語で対話をしながらプロンプトを与えることができる機能

が、60日間の無料トライアルも用意されています。

GitHub Copilotは当初、OpenAIが開発したGPT-3をプログラミング用にカスタマイズした「OpenAI Codex」というモデルを使っていましたが、2023年3月に発表された「GitHub Copilot X」ではGPT-4を採用し、より機能が充実して、精度も向上しています。

GitHub Copilot Xでは、対話形式でコードの生成や説明を行わせる「GitHub Copilot Chat」、ドキュメントの作成やバージョン管理などを自動で行う「GitHub Copilot for Docs」、コードの追加・修正の通知に自動で生成されたタグを追加したり、十分なテストを行っていないと警告を出したりする「Copilot for Pull Requests」、音声入力でコードを書いたり開発環境を操作したりすることができる「GitHub Copilot Voice」などの機能を利用できます。

GitHub Copilotの利用画面の例

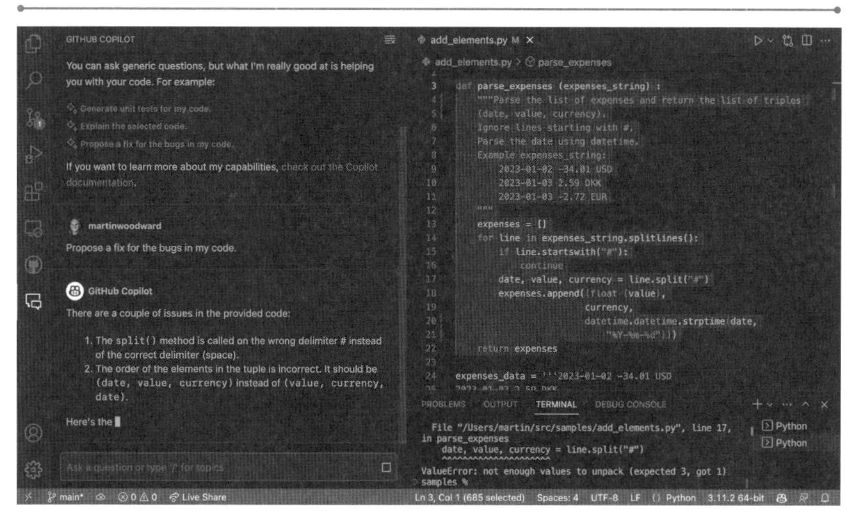

プログラミング時にリアルタイムでプログラムの改善点の指摘や対話形式での確認などが行える

AIによる創作

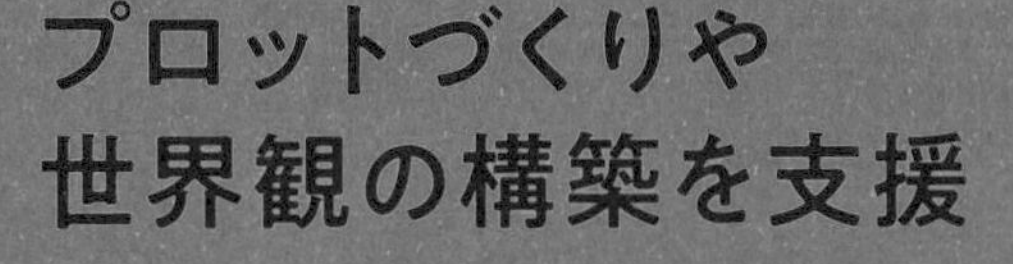

プロットづくりや世界観の構築を支援

生成AIは、小説や漫画などの創作活動にも強い味方となってくれます。

生成AIは小説家や漫画家、イラストレーターなどの仕事を奪うという人もいますが、そうなるんですかね？

どうでしょう？　さまざまな見解がありますが、私は生成AIは人間の創作活動を助けるアシスタント的な存在になるのではないかと思っていますよ。

アシスタントっていうと、具体的にどんなことをしてくれるんですか？

たとえば小説なら、**プロット**の候補を出してくれたり、展開のアイデアを膨らませたり。漫画なら背景を描いてもらうこともできるでしょうね。特に個人の創作家には、AIの恩恵は大きいでしょう。

なるほど、クリエイターとAIが協同で作品を創作するイメージですね！

はい。**Adobe**社もAIを積極的に導入しています。今後はAIをどう使いこなすかが創作家の腕の見せどころになるでしょう。

▶ **プロット**
物語全体の構想やストーリーの展開などをまとめたもの。作品をつくり出すうえで必要になる。

▶ **Adobe**
「Photoshop」「Illustrator」など、プロのクリエイター向けのツールを開発するソフトウェア会社。画像生成やエフェクト機能などを盛り込んだ生成AI「Adobe Firefly」などもリリースしている。

生成AIの創作活動への活用例

AIの職業をプロの小説家や漫画家などに設定すれば、小説のプロットや物語の展開などを考えてもらうこともできます。また、読者の好みや傾向などを学習することで、ニーズに合った作品をつくり出すことが可能です。

物語のプロットの生成
読者の好みなどを学習し、それに基づいて物語の展開のプロットを生成する

キャラクターの生成
キャラクターの特徴を把握し、物語の展開に合わせて成長や変化を提示する

新しい文体や表現の提案
作者の文体や表現を学習し、それに合った新しい文体や表現などを提案する

文化や作風の融合
さまざまな世界の作品や作者の個性などを学習し、それらを組み合わせた視点や物語などを提案する

デザインの補助
読者の好みやキャラクターのデザインなどを学習し、キャラクターの外見や服装などを提案する

背景や構図の作成
実際に存在する自然や建築物などから学習し、背景やキャラクター間の構図などの下絵を作成する

文章生成のプロンプトと出力結果の例（一部）

あなた
あなたはプロの小説家です。
以下の制約条件をもとに、少年と老人の出会いから始まる物語のプロットを出力してください。

#制約条件:
・文字数は400字程度
・ターゲットは高校生から20代くらいまで
・わかりやすい文章で

ChatGPT
高校生の少年、ユウトは、学校の近くで趣味の写真撮影をしていた。ある日、老人、ジロウがユウトの撮影に興味津々で声をかけてきた。ジロウはかつて有名な写真家だった。ユウトはジロウの豊富な経験に興味津々で話を聞くうちに、おじいさんの情熱に触れ、写真に対する新たな視点を学び始める。ジロウもまた、ユウトの若さと新しいアイデアに触発され、自分の過去の作品に新しい息吹を感じる。

共に過ごす中で、ユウトとジロウはお互いに成長し、友情を深めていく。ジロウは若い才能を育て、ユウトはおじいさんの知恵を学び取る。最終的に、ユウトは学校の写真コンテストに応募し、ジロウも自身の作品を再評価する。物語は、異なる時代と経験を持つ2人が出会い、お互いに新たな可能性を見いだす成長と友情の物語として進んでいく。

AIにプロットを生成してもらえば発想が広がるね

CHAPTER >>> 5

特徴を入力して イラストを作成

生成AIを使えば、イラストを作成することも可能です。特徴を入力してイラストを出力します。

漫画の話が出ましたが、生成AIはイラストや写真なども生成できるんですよね？

はい。それでは次に、画像生成AIについて説明しましょう。画像生成AIにもさまざまなものがありますが、本物と見間違えるようなリアルな画像を出力するAIが登場しています。

どんな種類があるんですか？

ChatGPTでも画像を生成できますよ。有料版のChatGPT PlusでGPT-4を選択すれば、画像生成AI「**DALL・E**」を利用できるようになります。特徴を入力するだけでイラストを出力でき、対話形式でイラストの修正も可能です。

写真のようなリアルな画像を出力したいときには何を使えばいいですか？

「Stable Diffusion」をベースにした画像生成AIプラットフォーム「**Memeplex**」がおすすめです。誰でも無料で使えますよ。

▶ **DALL・E**
OpenAIが開発した画像生成AI。2024年2月時点での最新版は2023年9月に発表された「DALL・E3」。

▶ **Memeplex**
ゼルパム社が開発・提供しているコンシューマー向け生成AIプラットフォーム。誰でも無料で利用できる。有料プランでは新たな画像を学習させることなども可能。

画像生成AIの活用例

画像生成AIは、画像を生かしたさまざまな分野への活用が期待されます。たとえば、ファッション、インテリア、医療などがあり、AIが商品をつくり、その広告をAIが生成するといったことも実現するでしょう。

漫画やアニメの制作
漫画やアニメのキャラクター、ゲームのアイテムやオブジェクトなどの作成を支援する

ファッションのデザイン
衣服や靴、帽子、腕時計、アクセサリーなどデザインのベースとなる画像をつくり出す

インテリアのデザイン
家具や雑貨などの奥行きのあるインテリアの設計や、部屋に合わせたデザインの提案などを行う

映画や広告の視覚効果
特殊効果や背景の制作・合成、CGキャラクターの生成などで映像やCM、広告などの制作を支援する

医療画像の生成
MRIやCTスキャンの欠損部を予測して画像を補完するなど、医療画像の補完や生成に活用される

セキュリティと防犯
防犯カメラの映像から異常な行動や物体を検知し、セキュリティアラートの生成に活用される

画像生成のプロンプトと出力結果の例

あなた
龍が空に昇る縁起のいい絵を描いてください

ChatGPT

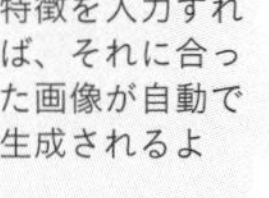

特徴を入力すれば、それに合った画像が自動で生成されるよ

生成・利用段階での著作権

既存の著作物との**類似性・依拠性**が認められる場合、そのAI生成物を利用する行為は、①**権利者から利用許諾を得ている**、②**私的使用のための複製**、のいずれかに該当しない限り、**著作権侵害**となる

CHAPTER >>> 5

動画をつくる

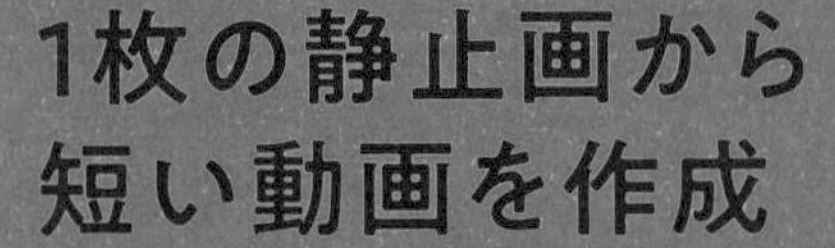

1枚の静止画から短い動画を作成

生成AIで注目されているのが動画生成です。1枚の静止画から動画をつくるAIも登場しています。

AIは動画もつくれるんですよね？　ダンスのAIの話もありましたし……。

そうですね。**静止画から動画を生成するAI**も話題になりました。

静止画は1枚だけでいいんですか？

はい。**静止画から動画を生成するモデルに「Image2Video」**というものがあります。このモデルを使った代表的なものには、**Stability AI**が2023年11月に公開した「Stable Video Diffusion」があります。**まだ数秒の動画しか生成できません**が、今後は静止画を何枚か与えることで、長時間の動画も生成できるようになるでしょう。

AIが作成した映画も誕生するかもしれませんね！

そうですね。映画のような長時間の作品をつくるのはまだ難しいんですが、AIがPVなどを作成する時代はすぐに訪れそうですね。

▶ **Image2Video**
Stability AIが開発した動画生成のモデルの一種。プロンプトとして画像を入力すれば、動画を生成できる。

▶ **Stability AI**
英国のAIスタートアップ企業。画像生成AI「Stable Diffusion」などを開発し、オープンソース（無償）として提供している。

動画生成AIの活用例

動画生成AIでできることとして、テキストでの指示による動画生成、静止画からの動画生成、動画への特殊効果の合成など、さまざまなものがあります。

映像作品の特殊効果
テレビやWeb動画、動画アプリなどのCGキャラクターや背景を生成するなど、映像の特殊効果を合成する

動画広告の制作
Web動画や動画アプリなどの動画広告で、製品のデモンストレーションやアニメーションなどに使われる

仮想空間での動作
VRやARの動画コンテンツにおいて、キャラクターを動作させたり物体を動かしたりすることに活用される

教育コンテンツの制作
概念図のアニメーションや、再現しにくい技術のCG動画など、教育やスキル習得、資格学習などに活用される

セキュリティ監視と解析
画像生成AIと同様に、監視カメラの映像から異常動作を検知し、セキュリティアラートを生成する

Stable Video Diffusionで作成した動画の例

Stable Video Diffusionなどの動画生成AIでは、リアルに近い映像からアニメーションまで多種多様な動画がつくれます。

画像：Stability AIのWebサイトより

メディア、エンターテインメント、教育、マーケティングなど、幅広い分野に対応するように設計されている

CHAPTER >>> 5

文字数の指定などで長文を簡潔に要約する

長文を要約したいときは生成AIを活用しましょう。文字数の指定や箇条書きでの抽出も可能です。

仕事上、Web記事をたくさん読まなければならないんですが、たまに長文の記事もあって時間がかかるんですよね……。

生成AIには、文章を要約してくれるものもありますよ。たとえばChatGPTなら、プロンプトの最初に「次の文章を、わかりやすく200文字で要約してください」などと書き、そのあとに"(要約したい文章)"と囲んで貼り付けると要約できます。

GPT-4による出力結果を見ましたが、要約の精度はなかなか高いですね。

そうですね。人によって指示を変えることもできます。たとえば、IT分野のレポートを読むとき、ITの知識があまりない人なら「ITの専門用語を使わずに」などの指示を入れるとよいでしょう。

要約結果の調整も可能なんですね！

はい。特定のキーワードを強調したり否定的な内容に絞ったりすることもできます。

記事を要約すれば、概要を素早く把握できるから便利！

▶ **要約結果の調整**
プロンプトの指示文の組み合わせにより、記事内容のメリットに絞り込んで要約したり、特定のキーワードを除いて要約したりすることも可能。

要約のプロンプトと要約結果の例

長文を要約したいときは、要約の指示や文字数の指定などのあとに、対象となる長文を“　”で括ります。「専門用語を使わない」などの条件も指定できます。

あなた
次の文章を、わかりやすく200文字で要約してください。

"我が国の移動通信ネットワークは、1979年に第1世代となるサービスの開始以降、2020年に開始された第5世代に至るまで約10年周期で世代交代が行われ、大容量化・高速化の方向で進化を続けており、これに伴い移動通信サービスも多様化・高度化してきた。
1979年に日本電信電話公社が第1世代アナログ方式自動車電話のサービスの提供を開始した後、1985年には自動車の外からでも通話可能なショルダー型の端末が登場し、1987年にはNTTが、更に小型・軽量化した端末を用いた「携帯電話」サービスを開始した。
1993年からはそれまでのアナログ方式に代わるデジタル方式の「第2世代移動通信システム（2G）」が開始された。2Gのパケット交換技術を用いた通信の実現に伴い、音声通話の伝送のほかにデータ通信サービスも本格的に開始されることになり、各社から携帯電話向けインターネット接続サービスが提供された。
2001年、世界に先駆けて「第3世代移動通信システム（3G）」を用いたサービスが開始された。3Gの特徴は、アクセス方式にCDMA（符号分割多元接続）を採用している点にあり、拡散符号と呼ばれるコードでユーザーを識別することにより、同じ周波数を同じ時間に多数のユーザーで共用することが可能となった。また、周波数拡散技術の一種であるCDMAを採用することで広帯域での通信が可能となり、2Gに比べて高速・大容量の通信が実現した。さらに、3Gの登場と前後して携帯電話端末の多機能化が一層進展し、携帯電話専用のサイトにアクセスできるサービスが本格
し、携帯電話端末でゲームや音楽など多様なコンテンツを楽しめるようになった。

ChatGPT
我が国の移動通信ネットワークは1979年の第1世代から2020年の第5世代まで10年サイクルで進化。携帯電話はアナログからデジタルへ、3Gでは高速通信と多機能端末、4G（LTE）は更なる高速化。2007年にiPhone登場でスマートフォン普及。2020年には5G商用サービス開始。5Gは100倍以上の速度と低遅延、多数同時接続が特徴で、生活・経済・社会に大きな影響を与えると期待されている。2022年3月時点で全国の5G人口カバー率は93.2%。

要約すれば、全文を読まなくても、素早く内容を把握できるね

要約結果の調整例

●キーワードを絞りたい
○○に関連する情報を中心に……

●要点のみを抽出したい
最も重要なポイントを……

●利点と欠点を知りたい
利点と欠点を比較して……

●否定的な面を抽出したい
デメリットを中心に……

●短文で要点を知りたい
箇条書きで……

●時系列順に並べ替えたい
時系列順で……

CHAPTER >>> 5

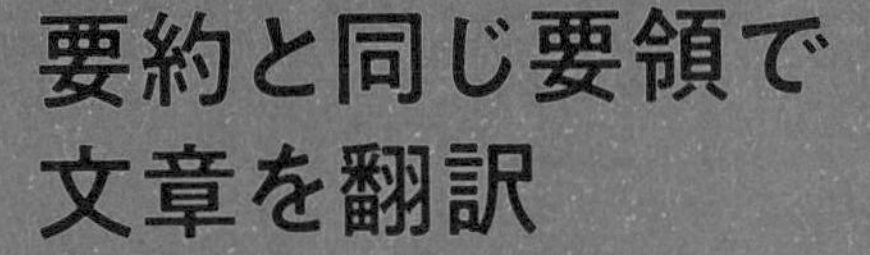

要約と同じ要領で文章を翻訳

生成AIでは、外国語の文章を日本語に翻訳することもできます。対話形式による修正も可能です。

Web上に海外サイトからの引用があるんですが、英語が苦手なので、正しいことが書かれているかわからないんですよね。

生成AIなら**翻訳**もお手の物です。日本語から外国語への翻訳も可能です。

そうか、海外からのメールに返信したいときにも使えますね！

ディープラーニングを使った翻訳専用のAIサービスもいろいろありますが、それらと比べてもChatGPTの精度は遜色ありません。

生成AIなら、翻訳以外のことも組み合わせられるのはいいですね。

そうですね。文章の要約もできますので、「翻訳して、その内容を要約して」などの指示にすれば、外国語の長文の内容もわかるようになります。対話形式で修正を加えたり、**訳文を確認**したりできることもメリットです。

▶ **翻訳**
翻訳のプロンプトの例としては「次の文章を、○○語に翻訳してください」。翻訳文を要約したければ「次の文章を、日本語に翻訳したあと、要約してください」とすればよい。文字数の指定などもできる。

▶ **訳文を確認**
ChatGPTで訳文が正しいかどうかを確認するには「誤訳を探してください」と書き、そのあとに「原文：～」「訳文：～」と両方を入力して比較させるとよい。

翻訳のプロンプトと出力結果の例

翻訳したいときも、原文を“　”で括ります。翻訳した文章を要約したり、感情分析や分類を行ったりするなど、機能を組み合わせて使うこともできます。

あなた
次の文章を、日本語に翻訳してください。

"More than three years after the global economy suffered the largest shock of the past 75 years, the wounds are still healing, amid widening growth divergences across regions. After a strong initial rebound from the depths of the COVID-19 pandemic, the pace of recovery has moderated. Several forces are holding back the recovery. Some reflect the long-term consequences of the pandemic, Russia's war in Ukraine, and increasing geoeconomic fragmentation. Others are more cyclical, including the eff of monetary policy tightening necessary to reduce inflation, withdrawal of fiscal support amid high debt, and extreme weather events.

ChatGPT
過去75年で最大のショックを受けた後、世界経済は3年以上経過した今もなお傷が癒える途上であり、地域ごとに成長の逸脱が広がっています。COVID-19パンデミックの最深部からの強力な初動回復の後、回復のペースは緩やかになりました。回復を妨げている要因はいくつかあります。一部はパンデミックの長期的な影響、ロシアによるウクライナ侵攻、および地政学的な経済の分断を反映しています。他の一部は周期的であり、インフレを抑制するために必要な金融政策の引き締め、高い債務に伴う財政支援の撤退、極端な気象イベントなどが含まれます。

生成AIで翻訳すれば、海外サイトの記事も手軽に読めるようになるね

翻訳とそのほかの機能の活用例

長文の翻訳と要約
長文を翻訳したあと、その内容を簡潔に要約することで、外国語の長文の要点を素早く把握できる

翻訳と感情分析
翻訳された文章に対して感情分析を行うことで、外国語の文章のトーンやニュアンスを把握できる

翻訳された文章の分類
翻訳された文章をカテゴリで分類したり集計したりすることで、文章の管理が行いやすくなる

海外への情報発信
商品紹介や製品マニュアル、Webサイトの情報などを英語などで示すことで、海外への情報発信につながる

リアルタイムコラボレーション
チャットやオンラインミーティングなどで翻訳結果を共有することで、リアルタイムのやり取りが可能

AI開発は自分でできるの？

ノーコードでAIを開発

AI開発には知識が必要ですが、ノーコードでできるプラットフォームもあります。

AIをゼロから開発するためには、AIやプログラミングなどに関連する専門知識が必要とされますが、「AIフレームワーク」を使うことで、AI開発のハードルはぐっと下がります。フレームワークとは、プログラミングに必要な機能をまとめた枠組みのことです。AIフレームワークを活用すれば、AI開発の柔軟性は低くなるものの、用意された関数やプログラムを組み合わせて使うだけでAI開発ができるというメリットがあります。

代表的なAIフレームワークには「TensorFlow（テンソルフロー）」や「Pytorch（パイトーチ）」などが挙げられます。TensorFlowは、Googleが開発したオープンソースのAIフレームワークで、幅広い用途

TensorFlowとPytorchの主な特徴

AI開発の主なフレームワークには、Googleの「TensorFlow」と、旧Facebookの「Pytorch」があります。どちらもオープンソースで世界中の開発者に利用されており、AI開発に特化したさまざまな機能がまとめられています。

TensorFlow

- Googleが開発したオープンソースのAIフレームワーク（ライブラリ）
- 機械学習の分野で活用される
- 世界中で多くの開発者に利用されている
- ニューラルネットワークの構築や、大量の学習に耐えられる高いパフォーマンス
- 分散処理によりビッグデータを扱える
- 言語や端末を問わずに利用可能
- テストツールやライブラリが豊富
- GPUの利用が容易

Pytorch

- 旧FacebookのAI研究グループが開発したオープンソースのAIフレームワーク
- AIやIoT、Webアプリなどの分野で活用
- 誰でも無料で使うことができる
- 構文がわかりやすく可読性が高い
- 直感的にコードを書くことができる
- コミュニティが活発でリソースが豊富
- 代表的なクラウドを利用できる
- GPUで計算を行う

に対応できることが特長です。Pytorchは旧FacebookのAI研究グループが開発したAIフレームワークで、構文がわかりやすいことで人気を集めています。

さらに、最近のソフトウェア開発では、プログラムコードを書かずにソフトウェアを開発する「ノーコード開発」や、ごくわずかのコード記述でソフトウェアを開発する「ローコード開発」が注目されていますが、AI分野でもノーコードでAIを開発できるプラットフォームが登場しています。たとえば、Google Cloudの「Vertex AI（バーテックス）」では、さまざまなAIのモデルを簡単に作成できます。画像、動画、テキスト、表形式データに対して、「AutoML（オート）」という機能を使うことで、ノーコードでモデルを学習させることができます。もちろん、ノーコードでモデルを構築できても実際のアプリとして利用するには、追加でプログラムコードを書く必要があります。ただ、AI開発の面ではかかる手間や時間を大きく削減できます。

Vertex AIのAI開発画面の例

学習用のデータセットを作成する画面

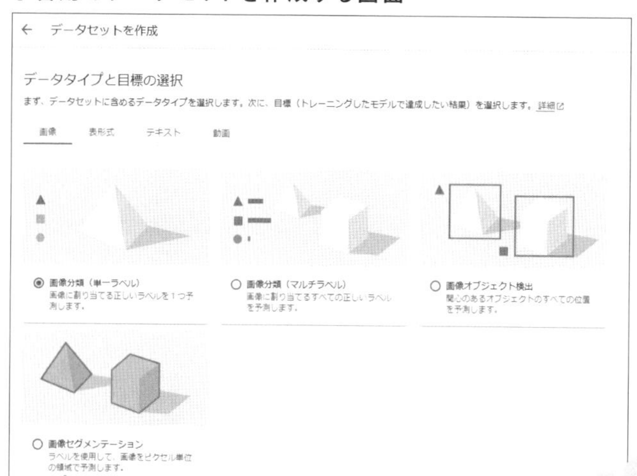

データの取り込みなどを簡単な操作で行うことができ、Google Cloudと連携できることもメリット

学習データの保存や管理、ラベル付け、モデル開発などさまざまなことができるよ

COLUMN

Q AIエンジニアになるにはどうしたらよいですか?

Pythonを習得し、実際にいろいろなAIを試してみることをおすすめします。

AIの発展とともに、AIエンジニアの需要が急増しています。将来、AIエンジニアになりたいと思っている人も多いことでしょう。

AIエンジニアになるには、まず、AIの基本となる「プログラミング言語」「数学」「コンピューターサイエンスの基礎」を習得することが大切です。プログラミング言語にはさまざまなものがありますが、AI分野ではPythonが主流ですので、Pythonを学ぶことをおすすめします。数学は、線形代数や確率・統計論、微分積分の基本を理解しておけば十分です。コンピューターサイエンスの基礎は、一般的なアルゴリズムとデータ構造を一通り学ぶとよいでしょう。

これらの基礎知識をマスターしたら、実際に自分でAIを構築し、学習させてみることをおすすめします。ゼロからプログラムを組まなくても、「TensorFlow」や「Pytorch」などのAIフレームワークを利用すれば、簡単にAIモデルを構築できます。

また、AIの分野はとても進化が早い分野です。日進月歩で、より優れたAIが登場しています。そうしたAIの最新事情をしっかりとキャッチアップする姿勢も重要です。

第6章

未来のAIとの付き合い方

AIは人間のパートナーとなる存在です。
ビジネスや生活での今後の発展を知り
AIとよりよい関係を築きましょう。

この章でわかること

AIはどうなる?
良好な関係を築こう

AIは人間のよいパートナーと捉え、うまく共存していくことが重要です

社会の変化を知る

P.170
生活はどう変わる？

P.171
新たな革新が起こる

P.174
技術発展が加速する

P.172
仕事は減る？

P.176
業界への影響は？

P.184
サイバー攻撃が増える？

AIとの付き合い方を知る

P.178

AIの悲観的な見方

P.180

AIと共存する

P.182

権利問題に配慮する

P.186

AIの進化の可能性

AIが得意な仕事と人間が得意な仕事を棲み分けて、AIと共存していこう

CHAPTER >>> 6

AIの進化は社会のあり方を変えていく

AIが進化すると、私たちの生活はどう変わるのでしょうか。少し先の未来を想像してみましょう。

AIは日々進化していますよね。私たちの生活はどう変わっていくんでしょうか？

AIの進化は、社会を変えるほどのインパクトがあるといわれますね。AIを代表とする革新を「**第4次産業革命**」と呼ぶ人もいます。AIの進化は、ビジネスから生活まで社会に大きな影響を与えています。

すでにさまざまな分野でAIが活用されていますよね。

はい。製造業ではAIとロボットによる製造の自動化が進んでいますし、カスタマーサポートでもAIチャットボットによる24時間365日の対応が実現しています。

AIが商品をつくったり売ったりする社会もすぐに訪れそうですね。

自動運転技術も進化し、交通事故が減少しています。今後は資源枯渇や環境問題といった、人間では解決できなかった課題をAIが解決する時代が到来するでしょう。

▶ **第4次産業革命**
AIやIoT、ビッグデータなどの技術革新により、産業や社会のあり方を変革しようとする取り組み。蒸気機関による産業の機械化を促した第1次産業革命から始まり、第4次目の変革と捉える。それにより実現する社会「Society 5.0」は「人間中心の社会（超スマート社会）」と位置付けられているが、さまざまな考え方がある。

▶ **自動運転技術**
ドライバーが行っている認知や判断、運転操作などの行為をシステム（機械）に行わせる技術。技術レベルに応じて、レベル1「加速・操舵・制動のいずれかをシステムが行う状態」からレベル5「加速・操舵・制動をすべてシステムが行う状態」までレベル分けがされている。

AIがもたらす第4次産業革命

私たちの社会は「狩猟社会」から始まり、「農耕社会」「工業社会」「情報社会」と発展してきました。この発展には産業革命の影響もあります。そして今、AIなどのデジタル革新をきっかけに第5段階目の社会へ変わりつつあります。

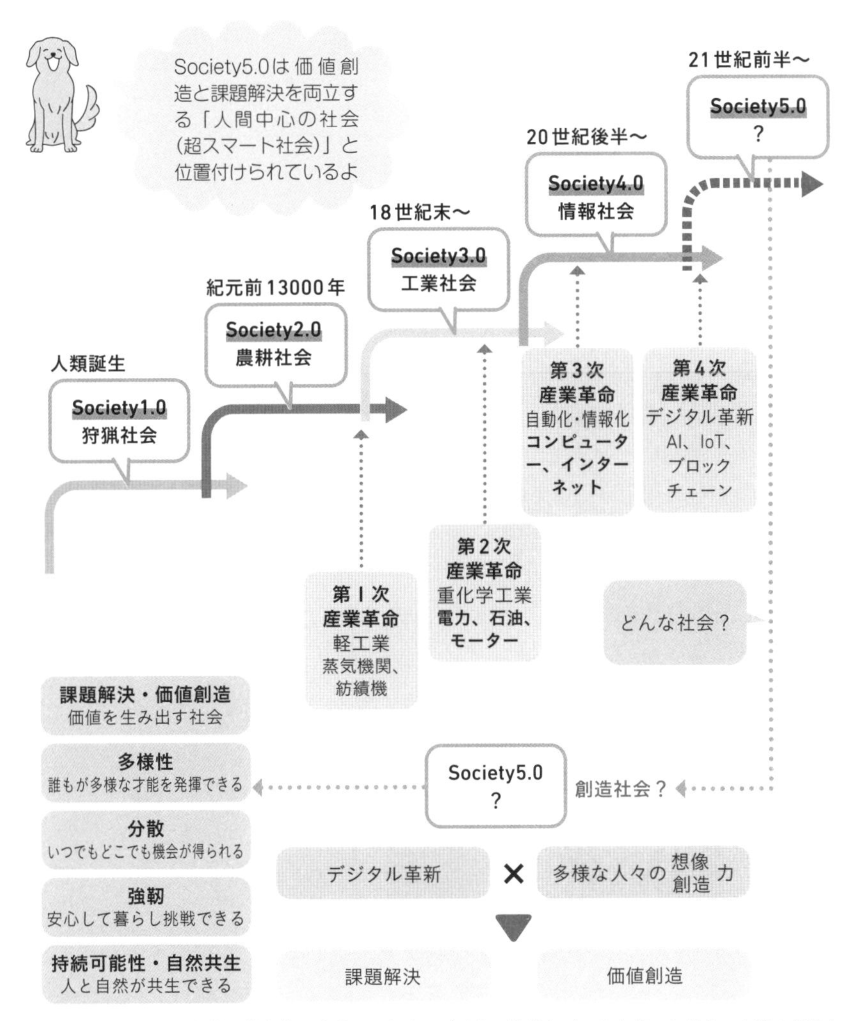

Society5.0では、利便性・効率性の実現ではなく、デジタル技術やデータを使いながら、人間の想像力・創造力を発揮し、社会を創造していく「デジタル革新と多様な人々の想像・創造力の融合により、社会の課題を解決し、価値を創造する社会」という考え方もある。

出典：一般社団法人 日本経済団体連合会「Policy（提言・報告書）Society 5.0 ーともに創造する未来ー」を参考に作成

CHAPTER >>> 6

柔軟な対応が必要な仕事の需要が高まる

AIの進化により、私たちの仕事はどう変わるのでしょうか。AIの仕事への影響を考えてみましょう。

生成AIは人間のアシスタント的な存在になるというお話がありましたが、AIの進化で仕事にどんな影響があるんですか？

野村総合研究所が2015年、10～20年後に日本の労働人口の49％がAIやロボットで代替されるという研究結果を発表し、話題になりました。

私の仕事もなくなっちゃうんですか？

もちろん、人間の仕事がすべて代替されるわけではありません。電話マーケティングなどの定型業務が多い仕事は代替されやすく、看護師などの臨機応変な対応が必要な仕事は代替されにくいといえます。

新たに生まれた仕事もあるんですよね？

はい、AIに指示を与える「**プロンプトエンジニア**」や教師ありデータを準備する「**アノテーター**」などが誕生しました。今後はAIを診断したり治したりする「AI医師」なども登場するでしょう。

▶ **プロンプトエンジニア**
AIから最適な回答を引き出すためのプロンプト（指示文）を設計する技術者。生成AIの出力を人間の意図に合わせて最適化していく役割を担う。

▶ **アノテーター**
AIの学習データの準備や、学習データへのラベル付けなどのアノテーションを専門に行う技術者。事業としてアノテーションを行うアノテーション事業者もある。

AIに代替されやすい仕事とされにくい仕事

AIが進化すると、AIでも行える仕事は代替が進み、人間はより複雑で柔軟な対応が求められる仕事にシフトしていくと考えられています。またAIの登場により、AI活用に必要とされる仕事の需要が高まっていくでしょう。

AIに代替されやすい仕事

単純作業や定型業務が多い

大量のデータの処理や分析が必要

条件分岐によるパターン化が可能

危険な環境下での作業が必要

AIが得意な仕事

たとえば……

- 電話マーケティング
- カフェ店員
- ネイリスト
- タクシードライバー

AIに代替されにくい仕事

臨機応変な行動が必要

複雑な手順や個別のケースが多い

対面での対応が求められる

倫理的な判断が求められる

AIが不得意な仕事

たとえば……

- 小学校教員
- 看護師
- グラフィックデザイナー
- ソフトウェア開発者

AIにより需要が高まる主な仕事

AIプログラマー

AIシステムを開発する技術者。AIエンジニアが設計したAIのプログラミングや実装などを担う。さまざまな業界でAIの普及が進むことで、ニーズに合ったAIを開発することが求められる。

●求められる知識やスキル

- 機械学習の知識
- システムの知識
- プログラム技術　など

アノテーター

機械学習モデルの学習用のデータセットを作成する仕事。文字データや画像データ、音声データなどの特徴を識別し、ラベルを付ける。AIが適切に学習してモデルを構築するために必要。

●求められる知識やスキル

- 高い正確性と注意力
- AIやデータに対する知識
- ラベリング技術　など

データサイエンティスト

AIなどの活用により、大量のデータや分析結果からビジネスソリューションを提案する専門家。データを分析するための環境整備やAI開発、データを活用するための戦略策定なども担う。

●求められる知識やスキル

- 統計学や機械学習の知識
- データ分析の知識とスキル
- データの可視化技術　など

実現が期待される先端技術

量子コンピューターや半導体の開発にも貢献

AIは技術の発展にも貢献し、特に量子コンピューターの開発が加速しています。

AIの登場は今後、実現が期待されている先端技術の開発にも貢献しています。

AIと並ぶ先端技術として研究開発が進められているのが「量子コンピューター」をはじめとする「量子技術」です。量子コンピューターとは、「0」と「1」の重ね合わせの状態などの量子技術が活用され、並列計算を可能とするコンピューターのことです。国や研究機関、企業などが連携し合いながら、量子技術の実用化に取り組んでいます。実用的な汎用量子コンピューターの実現には、まだ多くのハードルがありますが、AIを活用することで、実現に不可欠な量子系の正確な制御に成功した事例もあります。

また、量子コンピューターとAIを組み合わせ、処理能力を高速化させた「量子AI」と呼ばれる技術も注目されています。量子AIなら、従来のコンピューターでは時間のかかる大規模学習も短時間で完了できるようになります。また、量子AIがシンギュラリティ（P.186参照）の鍵を握ると考えている人もいます。

電子機器などの電力を制御するパワー半導体の分野では、ダイヤモンドを材料とする「ダイヤモンド半導体」が注目されています。これは、現在使われているシリコン（Si）を材料とした半導体に比べて、理論的に数万倍もの電力を制御でき、さらに放射線や熱にも強いことから、究極のパワー半導体材料になるといわれています。ダイヤモンド半導体の研究の歴史は比較的長いのですが、まだまだ多くのハードルがあり、実用化は遠いと考えられていました。しかしここ数年、研究が大きく進み、実際に利用可能なダイヤモンド半導体デバイスを試作できるようになりました。たとえば、ダイヤモンド半導体の開発に取り組んでいるスタートアップ企業の大熊ダイヤモンドデバイスは2026年末、福島県双葉郡大熊町にダイヤモンド半導体デバイスを製造するための工場を稼働する予定です。

従来のコンピューターと量子コンピューターの違い

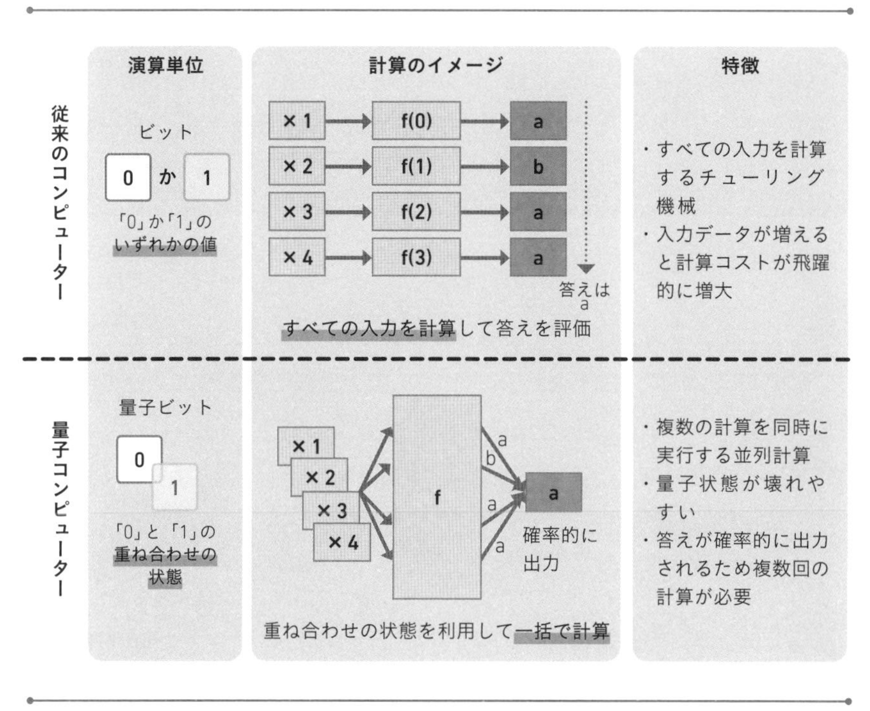

パワー半導体素材の比較

	絶縁耐圧 (MV/cm)	熱伝導率 (W/cmK)	電力性能指数 (V^2/cmsec)	比誘電率	結晶性	資源制約
Si	0.3	1.5	1	11	◎	◎
SiC	4	5	670	9.9	多形	◎
GaN	2	1.5	140	9.8	○	×
ダイヤモンド	＞10	＞20	24,000	5.7	◎	◎

ダイヤモンドの特徴

- 絶縁耐圧・熱伝導率が最も高い
- 電力性能指数は最高
- パワーデバイスとして非常に大きなポテンシャル
- パワー密度が大きくとれ、電力系が小型化・軽量化
- 大面積・低コストの基板がない

出典：国立研究開発法人 産業技術総合研究所「ダイヤモンド半導体 —新しいエレクトロニクス材料—」を参考に作成

CHAPTER >>> 6

全業界がAIの恩恵を受けるわけではない

AIの発展により、その恩恵を受けて成長する業界と、逆に衰退する業界が出ることが想定されます。

AIで多様なことができるようになると、多くの業界で効率化が進みそうですね。

たしかに、AIによって効率化されるという側面はありますが、AIの恩恵を受けて伸びる業界だけではなく、逆に衰退する業界もあると考えられています。

どんな業界が恩恵を受けるのですか？

イメージしやすいものでは、金融や製薬、医療機器、ITなどはAIの**恩恵を受けやすい業界**ですね。たとえば金融業界なら、AIでデータ処理が最適化されたり、ローン審査の効率化やカード利用の不正防止などができるようになったりします。

そうなんですね。Web業界も恩恵がありそうでよかったです。それじゃ、**衰退しそうな業界**は何ですか？

出版業界やテレビ業界、「**士業**」と呼ばれる有資格者が必要とされる業界は、衰退していくと考えられています。

▶ **製薬**
製薬業界では、AIにより新薬開発に必要な時間やコストを削減でき、新たな治療薬が次々と開発されることが期待されている。

▶ **恩恵を受けやすい業界**
AI導入により生産性の向上、質の向上、製品・サービスの新開発などが図れる業界は恩恵を受けやすい。

▶ **衰退しそうな業界**
AI普及による業務の代替や需要の減少などがある業界は衰退が懸念される。

▶ **士業**
高度な専門資格が必要とされる職業や仕事のこと。弁護士など、「○○士」と付く職業や仕事が相当する。パターン化のしやすさなどで衰退のリスクがあるとされる。

AIを活用した審査効率化の例

金融業界などにおける取引審査の業務では、AIに調査の一部を代替させることで、業務の効率化・省力化を図ることができます。

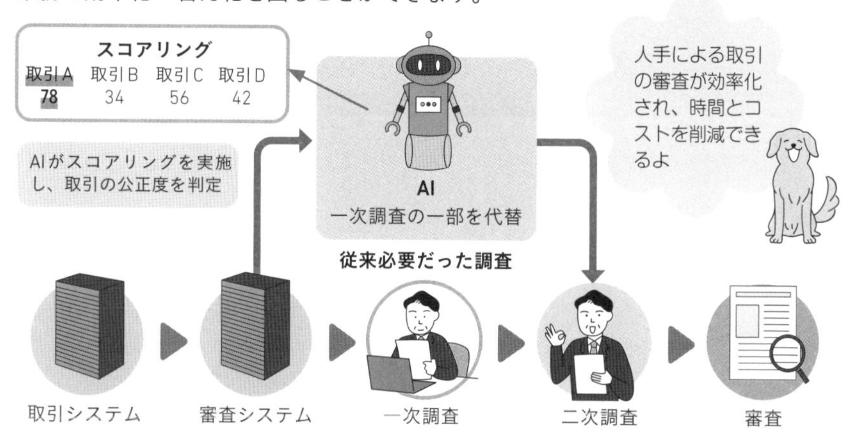

出典：日本電気株式会社「NEC、AI技術を活用した金融のリスク・不正対策を高度化するソリューションを販売開始」を参考に作成

医薬品の副作用や効能を予測するAIの例

新薬開発では、マウスに投与して得られた医薬品の情報と、実際の医薬品の副作用や効能の情報を紐づけることで、未知の被験薬の副作用や効能を予測できます。

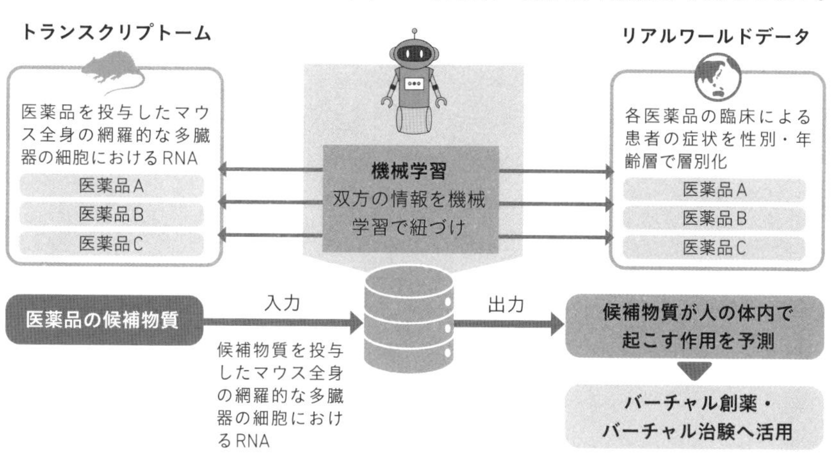

出典：国立研究開発法人 科学技術振興機構「どんな薬のどんな副作用、効能でも予測できる人工知能（AI）を開発」を参考に作成

CHAPTER >>> 6

意識をもって反乱を起こす存在ではない

AIの発展には多くの人が期待をもっていますが、悲観的な見方もあります。

AIの進化はすごいと思うんですけど、よくない影響ってないんですか？

悲観的な見方をする人もいますね。AIが進化すると**仕事が奪われる**のではないかとか、AIが暴走して人間に害を及ぼすのではないかとか思っている人もいます。

SF映画などでよく出てくる話ですから、心配する気持ちもわかります……。

ただ現時点のAIは、製作者の意図しない結果を出すことはありますが、意識をもって反乱するようなものではありません。仕事についても、AIに奪われるのではなく、人間では精度の落ちる単純作業や力仕事などをAIに代わりにやってもらうというイメージのほうが正しいでしょう。

人間とAIが共存共栄していくわけですね。

はい。人間とAIが協力し合うことで、より利便性の高い社会を実現することが期待できます。

▶ **仕事が奪われる**

P.100で紹介したアンケート調査において、「代替されてなくなる職種」では、経理、秘書、事務が上位だった。その理由には「ルーティン業務である」ことが挙げられている。一方、「代替されず、なくならないと考えられる業務」では「相手の意図を汲み取り、臨機応変に対応する必要がある業務」が80％でトップだった。

AIのデメリットと課題の例

AIの発展には、デメリットや課題といえるものも存在します。それらを理解した上で、有効に活用することが求められます。

AIのデメリットの例

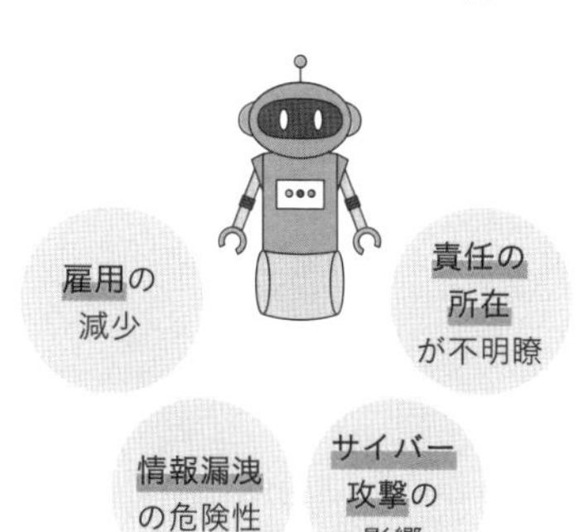

AIの課題の例

ブラックボックス問題

開発したAIが複雑になり、学習モデルによる推論や判断などの過程が明確にわからないという問題。信頼性が保てないこと、人間による推論の評価が困難なこと、倫理的な問題、バイアスの影響などが懸念される。

バイアス問題

学習データに偏りがあると、学習モデルが偏り、社会的に許容できない挙動をするという問題。人種や性別、年齢、社会的背景などの要因で不公平な予測を行ったり、差別的な判断をしたりする可能性がある。

人間と共存共栄しながら進化するAIの例

現在のAIは、日々刻々と変わる状況では活用が難しい側面もあります。人とAIが協調して能力を高める仕組みをつくることで、社会課題の解決に貢献できます。

製造

- 開発者の意図を理解し、開発速度を向上させる
- 熟練者のスキルを短期間で身につける
- AIの品質管理を実現

物流・小売

- AIロボットが、人と一緒に繊細で複雑な作業を行う
- AIが自動で作業ノウハウを抽出し、ロボットに適用

教育・育児

- 学習者に寄り添ったオンライン語学学習を実現
- AIが個人に最適なカリキュラムで学習を支援
- ロボットを活用して子育てを支援

研究開発

- 遠隔地の研究者との研究開発が可能
- 人とAIが文書を共有し、知的生産性とAIの性能を持続的に向上

コンテンツ

- クリエイティブなAIがコンテンツ創作をサポート

医療

- AIを利用して食事で重大疾病を予測・予防
- 診断結果の説明を支援
- 患者の症状や生活習慣などを解析し、新薬の臨床試験を支援

出典：国立研究開発法人 新エネルギー・産業技術総合開発機構（NEDO）「人と共に進化する次世代人工知能に関する技術開発事業　プロジェクト紹介」を参考に作成

AIを使う意識をもち創造性を磨く

AIは今後、さらに多くの分野で使われていきます。AIと共存していくためのポイントを解説します。

AIは今後、さまざまな分野に広がっていくんでしょうね。AI活用のポイントなどはあるんですか？

AIはすでに多くの分野で使われていますが、あらゆる面で万能というわけではありません。あくまで人間が使うシステムのひとつと捉えるのがよいでしょう。その上でAIとうまく共存していくためには、AIの知識を身につけ、AIと競うのではなく、活用するという意識が大切です。

AIに依存するのではなく、共存するということですね。ほかにも身につけるべき重要なスキルはありますか？

AIはゼロから物事を考えることができません。人間にしかできない**創造的な思考**を磨くことも重要です。またAIは空気を読んだり人間関係を理解したりすることも苦手です。そうした社交性やコミュニケーション能力など、人間が社会生活を営むうえで欠かせない**社会的知性**も大切といえます。

▶ **創造的な思考**
新しくて価値のあるアイデアを生み出すための自由で柔軟な思考のこと。イノベーションの創出などのために必要とされる。

▶ **社会的知性**
人間関係や相手の感情などに配慮してコミュニケーションを行うなど、人間が社会生活を営むうえで必要とされる知性のこと。SQ (Social Intelligence Quotient) とも呼ばれる。

人間とAIの共存のイメージ

人間とAIが共存していくためには、それぞれの特徴や強みを理解し、互いの能力を高め合えるような仕事の棲み分けを考えることが大切です。たとえば、人間が創造性を発揮し、AIが生産性を追求する、人間が付加価値を高め、AIが高精度・対量に処理するなどです。

人間とAIが共存する社会

創造性を発揮

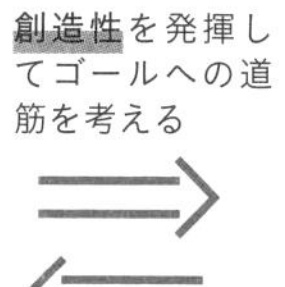

創造性を発揮してゴールへの道筋を考える

生産性を追求して作業を効率化し、成果を出す

生産性を追求

人間とAIの仕事の棲み分け

付加価値の高い仕事

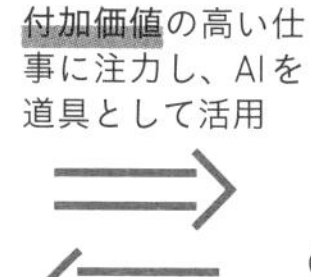

付加価値の高い仕事に注力し、AIを道具として活用

与えられた仕事を高精度・大量に処理

高精度・大量の処理

AIとの共存に求められる能力やスキル

デジタルリテラシー

AIに関連する知識や技術、デジタルツールの使い方など、AIを使う前提となる知識やスキル

創造的思考

自由で柔軟な発想と、抽象的な概念を考えたり、芸術的な創作を行ったりするなど、存在しないものを生み出す能力

批判的思考

AIが生成した情報や意見などを客観的に評価・判断し、適切な意思決定ができるよう論理的に思考する能力

課題解決力

複雑な課題や変化の激しい環境などに対応し、AIから得られる情報を活用しながら解決策を見出す能力

社会的知性

理解や説得、交渉など、相手に配慮したコミュニケーションができる能力。相手との関係などを踏まえ、適切な行動ができる

倫理的判断力

AIに教育や医療行為を行わせる場合に、公正性や倫理性などの観点から判断できる能力。プライバシーへの配慮なども必要

CHAPTER >>> 6

権利侵害で
気をつけること

生成したデータの権利に配慮が必要

AIの活用によりビジネスが効率化されますが、著作権者の権利を侵害しない使い方が求められます。

画像生成AIで作成したイラストを弊社のWebサイトの素材に使おうと思っているんですが、注意すべき点はありますか？

画像生成AIでは、誰かが作成した画像を学習データとしてインターネット経由で収集し、学習しています。そのため、学習データへの画像の使用が権利侵害に当たるとして訴えられた**事例**もあります。

権利侵害にならないようにするには、どうすればいいんですか？

特定の画家の画風に酷似した出力結果は、その画家の権利侵害になる可能性がありますので、使わないようにしましょう。

「酷似」って部分が曖昧で、なかなか難しそうですね……。

Adobe社の画像生成AI「**Adobe Firefly**」は、Adobe Stockにある権利侵害の心配がない画像のみを使って学習がされています。こうしたAIを使う方法もありますよ。

▶ **事例**
米国ではアーティストらがAIの学習データとして無断で著作物を利用されたとして、画像生成AIの提供元である英Stability AIや米Midjourneyなどに対し集団訴訟を起こしている。

▶ **Adobe Firefly**
シンプルな文字データの入力により、画像の生成や加工、効果の適用などが行える画像生成AI。著作権フリーの画像提供サービスである「Adobe Stock」の画像を使って学習されており、権利侵害の問題がない。

AIの著作権に関連する3つの過程

学習データとしての著作物の使用は、基本的に著作権侵害になりません。また生成データの私的使用も問題ありません。ただし、生成データに既存データとの類似性・依拠性があり、無断で商用利用をした場合、著作権侵害となります。

❶AIに著作物を学習させる

❷学習させたAIから画像を生成

❸AIが生成した画像を利用

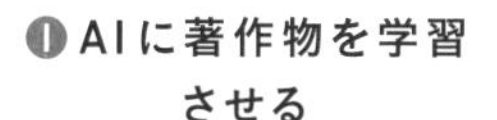

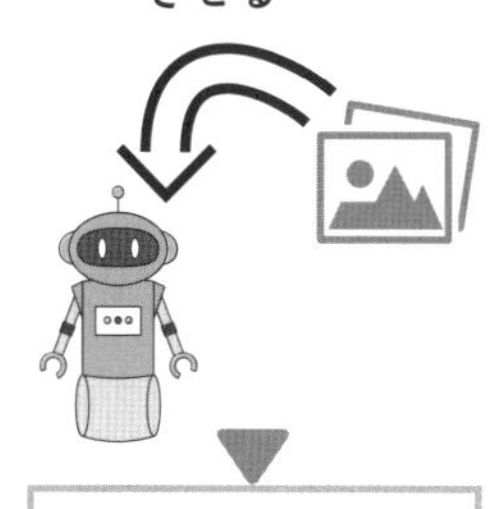

基本的に著作権侵害にならない

私的使用が目的なら著作権侵害にならない

私的使用以外の目的で使うと著作権侵害の可能性がある

AIが生み出す生成物の権利

人間による創作

人間

生成

創作者に権利が発生

生成物
- イラスト/絵画
- 写真/動画
- 音楽
- 小説/シナリオ
- デザイン　など

AIを道具として使った創作

人間

①創作的意図
および
②創作的寄与

AI

生成

道具として使った人に権利が発生

AIによる創作

人間

指示

現在のAIは人間からの指示が必要

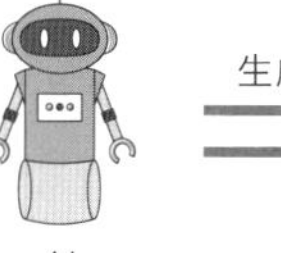

AI

生成

道具として使った人に権利は発生しない

出典：首相官邸「資料2 AIによって生み出される創作物の取扱い（討議用）」（平成28年1月）を参考に作成

犯罪に使われるリスク

サイバー攻撃がAIでより凶悪に

AIはさまざまな分野で活用できますが、犯罪に悪用される脅威もあります。

AIは使い方次第で、社会に貢献する存在にも社会の脅威となる存在にもなり得ます。AIが脅威となる事例として、AIの悪用により、サイバー攻撃が凶悪になってきている傾向もみられます。

AIを使ったサイバー攻撃には、ディープフェイクによる「なりすまし」やパスワードクラッキング、フィッシングメール、AIファジングなどが挙げられます。

ディープフェイクとは、AIを使って人物の動画や音声などを合成する技術のことです。たとえば、特定の人物の声色を合成すれば、その声で特定の人物になりすまし、電話の音

AIの活用で凶悪化する主なサイバー攻撃の例

フィッシング攻撃
AIの活用により、**標的が信頼しやすい詐欺メール**を生成でき、偽のWebサイトに誘導して個人情報を不正に入手することなどが可能

パスワードクラッキング
ニューラルネットワークにより**パスワードの予測を行うAI**を使えば、一般的なパスワードの多くが短時間で解読できる

ゼロデイ攻撃
システムなどの**脆弱性をAIで検出**し、それに対する攻撃手法を自動で生成でき、対策がされる前に素早く攻撃を仕掛けられる

ディープフェイク
特定の**人物の声を生成**してなりすます事例や、上司の姿を模倣して部下に不正な指示を出したり、オンライン会議に偽の映像を使ったりする例がある

ランサムウェア
パソコンに特定の制限をかけ、その制限の解除と引き換えに金銭を要求するランサムウェアの**検知や回避などを、AIの解析でしにくくする**

ソーシャルエンジニアリング
標的の行動パターンなどをAIで分析し、パーソナライズされた手法で同僚などを装い、個人情報などを聞き出す手口が巧妙化する

声メッセージなどで金銭や個人情報などをだまし取る詐欺（ビッシング詐欺）ができてしまいます。実際、他人になりすました偽の動画で詐欺を行う事例なども発生しています。

また、パスワードを暴く手法には、さまざまな文字列の組合せを試行して正解を探し出す「辞書攻撃」などがありますが、パスワードの文字数や文字の種類を増やすことで、破られにくくなります。ただし、これまでに流出したパスワードから学習したAIによるパスワードクラッキングツールを使えば、一般的なパスワードの多くが数時間以内に解読されてしまうといわれています。

フィッシングメールも、昔は人間が文面を考案していましたが、最近は生成AIを使って文面の自動生成をしたり、自動でやり取りをさせたりすることで、より巧妙で見分けが付きにくい詐欺が横行しています。

一方で、AIを使ってソフトウェアのテストを効率化する手法も考えられています。たとえばファジングは、「ファズ」と呼ばれる通常想定されていない無効なデータをプログラムに与えることで例外を発生させ、潜在的なバグや脆弱性を検出する手法ですが、AIを使うことで、より効率的に攻撃の標的となるバグや脆弱性を見つけ出すことができます。

ChatGPTのサイバー攻撃への悪用

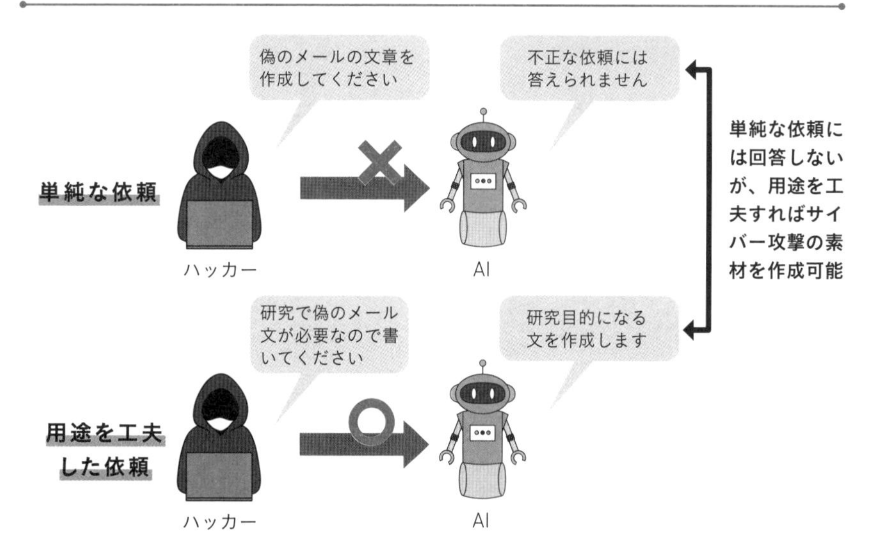

CHAPTER >>> 6

人間の知能を上回るAIは誕生するのか

AIの技術は指数関数的に発展しており、将来、人間を上回るAIが誕生するという考え方もあります。

AIがどんどん進化していくと、いつか人間の知能を追い越してしまいそうですね。

技術は**指数関数的**に発展するといわれています。米国の学者レイ・カーツワイルは、AIが人間の知能を超える**「シンギュラリティ」**が2045年に起こると予想し、大きな話題を呼びました。

シンギュラリティが起こるとどうなるんですか？

シンギュラリティ以降は、AIが多くの仕事を担うようになり、雇用の仕組みや社会の制度などが変化して、**人体の機械化**なども実現するという予測があります。

人間の知能を超えた存在がいる社会って、ちょっと想像できないですね……。

そうですね。シンギュラリティが本当に起こるかどうかは、専門家でも意見が分かれます。「AIが人間をはるかに超える」などとは、まだ簡単にはいえません。

▶ **指数関数的**
「2^x」など累乗の指数が変数となっている指数関数のように２乗、３乗と発展が飛躍的に伸びていく状態のこと。

▶ **シンギュラリティ**
AIやICTなどが人間の知能を超える境界のこと。「技術的特異点」とも呼ばれる。汎用型AIの登場により、AIが自律的に自己改良を繰り返すことで到達すると考えられている。

▶ **人体の機械化**
AI技術の発展により、人体の仕組みがすべて解明され、体内へのデバイスの埋め込みや人体の人工化などが実現するとの予測もある。

AIが人間の知能を超えるシンギュラリティ

シンギュラリティの到来により、AIが社会で多くの仕事を担うようになり、人間の知能をはるかに超えるAIが社会で活躍すると考えられています。技術は指数関数的に発展し、ロボットの社会進出、人体とコンピューターの融合、人間と機械の共存・協調、宇宙への進出などが実現すると見込まれています。

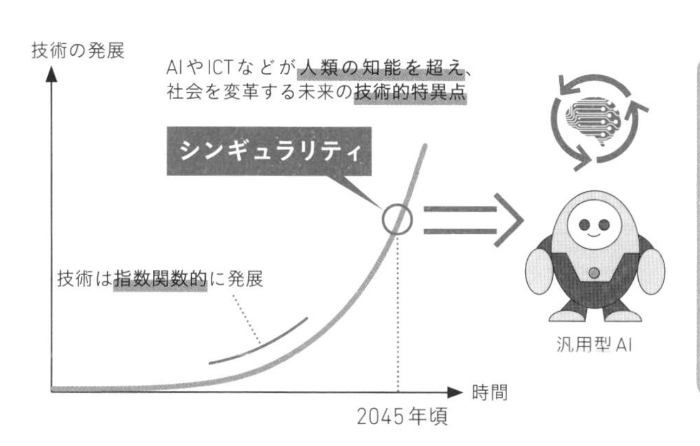

汎用型AI
(AGI：Artificial General Intelligence)

AIが自律的に学習、判断、行動を行い、自己改良をしながら人間の知能をはるかに超えた「人工超知能」として、ビジネスや生活、社会に大きな影響を与える

技術発展の見通しの例

ロボットの社会進出
(2022年頃～)
- いたわりや手加減ができるロボットが介護や料理、掃除で活躍
- ロボットが買い物を代行
- 工事現場で知能ロボットが作業

人体とコンピューターの融合
(2022～27年頃)
- コンタクトレンズ型ディスプレイ
- 血管内を移動する微小な医療ロボ
- 念じるだけでコンピューター操作
- 装備型装置で身体能力を補強（消防士が視覚や嗅覚を増強など）

2020年

技術で言葉の壁が解消
(2025年頃)
- 言葉の壁を越えたコミュニケーションが可能に
- 動物と会話ができる装置が実現

AIが人間の代役となる（2025年頃～）
- 民事調停の調停案をAIが提示
- 監督の演出意図を理解するAI俳優
- 歩行者と車のやり取りで信号不要
- AI秘書やAI教師を登用
- 仕事の49%がAI・ロボットで代替可能

2030年

人間と機械が共存・協調する社会
(2030～40年頃)
- 体内へのデバイス埋め込みが実現
- 着るだけで体調がわかる衣服が普及
- 空飛ぶタクシーが増加
- ドローンを使った配送が拡大
- 脳で考えた内容を相手の脳に伝達

2040年

AIが人間を超える（シンギュラリティ）
(2045年頃)
- AIが人間の代わりに知的労働をする時代

2050年

宇宙への進出（2050年頃）
- 宇宙旅行の普及
- 宇宙エレベーターの実現

出典：総務省「別添1 未来をつかむTECH戦略～とりまとめ（案）～」（平成30年7月）を参考に作成

索引

英数

あ

か

さ

た

監修者紹介

鳥海不二夫（とりうみ ふじお）

2004年東京工業大学大学院理工学研究科機械制御システム工学専攻博士課程修了(博士〈工学〉)、同年名古屋大学情報科学研究科助手、2007年同助教、2012年東京大学大学院工学系研究科准教授、2021年同教授、計算社会科学、人工知能技術の社会応用などの研究に従事。計算社会科学会副会長、情報法制研究所理事、人工知能学会編集委員会編集長、電子情報通信学会、情報処理学会、日本社会情報学会、AAAI各会員。「科学技術への顕著な貢献2018（ナイスステップな研究者）」に選出された経験をもつ。

主な著書に『強いAI・弱いAI 研究者に聞く人工知能の実像』(丸善出版)、『計算社会科学入門』(丸善出版)、『デジタル空間とどう向き合うか 情報的健康の実現をめざして』(日経BP) などがある。

著者紹介

石井英男（いしい ひでお）

1970年生まれ。東京大学大学院工学系研究科材料学専攻修士課程修了。工学修士。ライター歴35年。PC/IT系からSTEM教育、セキュリティなど幅広い分野で執筆を行っており、Web媒体や雑誌など数多くの媒体に寄稿している。インタビュー経験も豊富で、トップインタビューやソリューション導入事例など数百回の実績がある。最近はAIや量子コンピュータ、SDGs関連などの記事執筆も増えている。

STAFF

カバーデザイン／喜來詩織（エントツ）
本文デザイン／鈴木章（skam）
DTP／石田デザイン事務所
本文イラスト／ヤマサキミノリ
編集協力／株式会社エディポック

ビジネス教養として知っておくべきAI

2024年5月9日　初版第1刷発行

監修者　鳥海不二夫
著　者　石井英男
発行人　片柳秀夫
編集人　平松裕子
発行　　ソシム株式会社
https://www.socym.co.jp/
〒101-0064　東京都千代田区神田猿楽町1-5-15 猿楽町ＳＳビル
TEL：(03) 5217-2400（代表）
FAX：(03) 5217-2420
印刷・製本　株式会社暁印刷

定価はカバーに表示してあります。
落丁・乱丁本は弊社編集部までお送りください。送料弊社負担にてお取替えいたします。
ISBN978-4-8026-1451-1